空间行为视角下
风险投资对技术创新的影响

张伟科 / 著

四川大学出版社
SICHUAN UNIVERSITY PRESS

图书在版编目（CIP）数据

空间行为视角下风险投资对技术创新的影响 / 张伟科著. — 成都：四川大学出版社，2023.11
（博士文库）
ISBN 978-7-5690-6522-0

Ⅰ. ①空… Ⅱ. ①张… Ⅲ. ①风险投资－影响－技术革新－研究－中国 Ⅳ. ①F124.3

中国国家版本馆 CIP 数据核字（2023）第 254610 号

书　　名：	空间行为视角下风险投资对技术创新的影响
	Kongjian Xingwei Shijiao xia Fengxian Touzi dui Jishu Chuangxin de Yingxiang
著　　者：	张伟科
丛 书 名：	博士文库

丛书策划：张宏辉　欧风偃
选题策划：敬铃凌　王　玮
责任编辑：敬铃凌
责任校对：余　芳
装帧设计：墨创文化
责任印制：王　炜

出版发行：四川大学出版社有限责任公司
　　　　　地址：成都市一环路南一段 24 号（610065）
　　　　　电话：（028）85408311（发行部）、85400276（总编室）
　　　　　电子邮箱：scupress@vip.163.com
　　　　　网址：https://press.scu.edu.cn
印前制作：四川胜翔数码印务设计有限公司
印刷装订：成都市新都华兴印务有限公司

成品尺寸：170 mm×240 mm
印　　张：11
字　　数：212 千字
版　　次：2023 年 12 月 第 1 版
印　　次：2023 年 12 月 第 1 次印刷
定　　价：58.00 元

本社图书如有印装质量问题，请联系发行部调换

版权所有 ◆ 侵权必究

扫码获取数字资源

四川大学出版社
微信公众号

目　　录

1 导　论 ……………………………………………………………（ 1 ）
　1.1　研究背景 …………………………………………………（ 3 ）
　1.2　问题提出 …………………………………………………（ 9 ）
　1.3　相关概念界定 ……………………………………………（ 11 ）
　1.4　研究内容 …………………………………………………（ 14 ）
　1.5　技术路线 …………………………………………………（ 16 ）
　1.6　研究方法 …………………………………………………（ 16 ）
　1.7　主要创新点 ………………………………………………（ 17 ）

2 理论基础与研究综述 …………………………………………（ 19 ）
　2.1　相关理论基础 ……………………………………………（ 21 ）
　2.2　文献综述 …………………………………………………（ 29 ）
　2.3　文献述评 …………………………………………………（ 38 ）

3 风险投资对技术创新的影响机制 ……………………………（ 44 ）
　3.1　风险投资对技术创新影响的理论模型分析 ……………（ 45 ）
　3.2　风险投资对技术创新的影响因素 ………………………（ 47 ）
　3.3　风险投资对技术创新的作用过程 ………………………（ 51 ）
　3.4　地理距离、风险投资与技术创新的内在机理 …………（ 60 ）
　3.5　高铁通车、风险投资与技术创新的内在机理 …………（ 62 ）

4 基于PSM模型的风险投资对企业创新绩效的影响 …………（ 65 ）
　4.1　研究方法 …………………………………………………（ 68 ）
　4.2　变量选取与数据处理 ……………………………………（ 70 ）
　4.3　实证结果分析 ……………………………………………（ 75 ）
　4.4　小结 ………………………………………………………（ 87 ）

i

5 地理距离、风险投资与企业技术创新 ……………………（89）
5.1 研究设计 ……………………………………………（91）
5.2 实证结果分析 ………………………………………（96）
5.3 稳健性检验 …………………………………………（103）
5.4 小结 …………………………………………………（106）

6 高铁通车、风险投资与城市技术创新 …………………（107）
6.1 研究设计 ……………………………………………（110）
6.2 实证结果分析 ………………………………………（116）
6.3 进一步分析：高铁冲击与风险投资效应 …………（120）
6.4 小结 …………………………………………………（126）

7 空间溢出、风险投资与区域技术创新 …………………（127）
7.1 研究设计 ……………………………………………（129）
7.2 实证结果分析 ………………………………………（139）
7.3 稳健性检验 …………………………………………（145）
7.4 小结 …………………………………………………（147）

8 主要结论与展望 …………………………………………（149）
8.1 主要结论 ……………………………………………（151）
8.2 研究展望 ……………………………………………（152）

参考文献 ……………………………………………………（154）

1 导 论

1 导 论

1.1 研究背景

1.1.1 现实背景

科技是国家强盛之基，创新是民族进步之魂。科技创新已经成为我国经济社会发展、建设社会主义现代化强国的重要推动力量。抓住新一轮科技革命与产业变革的历史机遇，增强创新驱动发展动力，提升经济发展质量，关系到我国"十四五"时期以及更长时期经济社会发展的全局。我国政府历来非常重视科技创新的重要作用。党的二十大报告中指出："教育、科技、人才是全面建设社会主义现代化国家的基础性、战略性支撑。必须坚持科技是第一生产力、人才是第一资源、创新是第一动力，深入实施科教兴国战略、人才强国战略、创新驱动发展战略，开辟发展新领域新赛道，不断塑造发展新动能新优势"。"十四五"规划和2035年远景目标纲要把"坚持创新驱动发展"作为全面塑造发展新优势的重要举措。科技创新是新时代经济社会发展进步的重要动力，而近年来我国风险投资飞速发展，一方面得益于我国科技企业创新能力逐渐增强、科技含金量逐步提高的发展需要，另一方面得益于我国政策大力支持和世界新经济发展的衔接。

党的十八大以来，创新驱动发展战略全面实施，科技创新投入逐年攀升，科技成果爆发式增长，科技创新对经济社会的贡献愈发明显。例如，2022年，我国全社会研发投入达3.07万亿元，研发投入强度（即研发投入占国内生产总值比重）达到2.54%，已接近经济合作与发展组织（简称"经合组织"，OECD）国家疫情前的平均水平。[①] 全国研发人员总量超过600万人，已经连续多年稳居世界第一。发明专利申请量自2011年以来连续12年排名全球第一，商标注册量位居全球首位，科学高被引论文数位居世界第二，知识产权产

---
① 国家统计局官网：(2)https://www.gov.cn/lianbo/bumen/202309/content_6904836.htm。

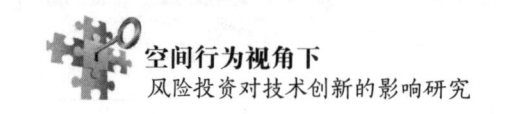

出、保护和运用能力取得长足进步。① 我国专利申请量与《专利合作条约》（PCT）专利申请量位居世界首位，我国已经成为全球科技创新的重要贡献者。② 世界知识产权组织发布的2023年全球创新指数中，我国位列第12位，也是前30位中唯一的中等收入经济体。③

在国家鼓励自主创新，倡导"大众创业，万众创新"的大环境下，创新体系建设日益完善，创业创新活力竞相迸发。在新经济时代，伴随着大量的创新技术，一大批高科技中小企业应运而生，迅速崛起，带动了经济蓬勃发展。改革开放四十多年来，我国科技实力不断壮大，为我国综合国力的提升提供了重要支撑。科技发展日新月异，我国成为具有全球影响力的科技创新大国，并且在量子科学、超导、暗物质粒子探测卫星等基础科学领域获得重大突破；高科技领域也硕果累累，在载人飞船、探月工程、"复兴号"高速列车、大飞机制造等领域重大创新成果竞相涌现，已经跻身世界前列；科技创新引领新动能，大数据、云计算、新一代信息技术等新业态、新模式取得重大进展。

但是，当前我国科技创新能力不能完全适应经济高质量发展要求，存在明显短板与不足，如基础研究薄弱、科技成果转化率低、创新生态环境不完善、关键技术依赖进口等。尤其是我国科技领域关键核心技术存在明显的"卡脖子"现象。目前，要解决经济社会发展中的"技术卡脖子"问题，最主要的是要充分激活企业创新活力，增强企业自主创新能力，推动企业高质量创新，提升企业创新能力。"比较优势"理论认为科技与人才是产业竞争优势的决定性因素，而高新技术产业快速发展，能产生大量新的经济增长点，拉动经济持续快速增长，必然是这场产业结构大调整的主要方向之一。从某种意义上来讲，高新技术产业发展的优劣将决定我国今后的整体经济水平和国际竞争力。在这个过程中，科技的发展与创新，以及相配套的金融体制改革，包括风险投资的发展，都将迎来一个新的历史机遇。

近年来，我国创业投资发展环境不断优化，风险投资事业快速发展，形成了中国特色的发展模式。2016年5月30日，习近平总书记在全国科技创新大会上发表重要讲话，吹响了建设世界科技强国的号角。同年，国务院出台了《关于促进创业投资持续健康发展的若干意见》，提出了培育多元化创业主体等8个方面20条具体措施和要求，为新时期创业投资发展指明了方向。之后，

---

① 数据来源：Wind 资讯。
② 世界知识产权组织：https://www.wipo.int/portal/zh/index.html。
③ 世界知识产权组织：https://www.wipo.int/portal/zh/index.html。

各部门、各省（区、市）出台了一系列政策文件支持"双创"。例如，银监会、科技部、中国人民银行联合开展投贷联动试点；财政部、国家税务总局出台了创业投资企业和天使投资个人税收优惠试点政策；国家发展改革委出台了《政府出资产业投资基金管理暂行办法》，明确了产业投资基金募集、管理、运作等一系列规定；北京、深圳、上海、武汉、成都等地方开展了一系列"创业贷""科技贷"等新型融资。2018年9月，国务院发布了《关于推动创新创业高质量发展打造"双创"升级版的意见》，通过打造"双创"升级版，进一步优化创新创业环境。在现有政策基础上，相关部门制定了一系列的具体措施，进一步优化政策环境，为创业投资提供良好的发展环境。

伴随着供给侧结构性改革的深入、"新三板"分层制度的完善，"深港通"开通，"科创板"设立，"双创"高速推进，我国创业风险投资发展迅速。2021年我国风险投资机构数量和管理资本规模仅次于美国，位居全球第二。全年投资案例数为4 189个，投资金额为8 544亿元。[①] 图1-1给出了2001—2021年中国风险投资金额与投资案例数变化趋势。自2001年开始，我国风险投资金额和投资案例数呈上升趋势，特别是2014年李克强总理提出"大众创业，万众创新"以来，风险投资案例数从2014年的8 360个，增长到2016年的18 921个，之后有所下滑，尤其是受新冠疫情影响，2020年和2021年分别为4 803和4 189个；风险投资金额从2014年的4 315亿元，增长到2018年的21 791亿元，之后逐年下降。

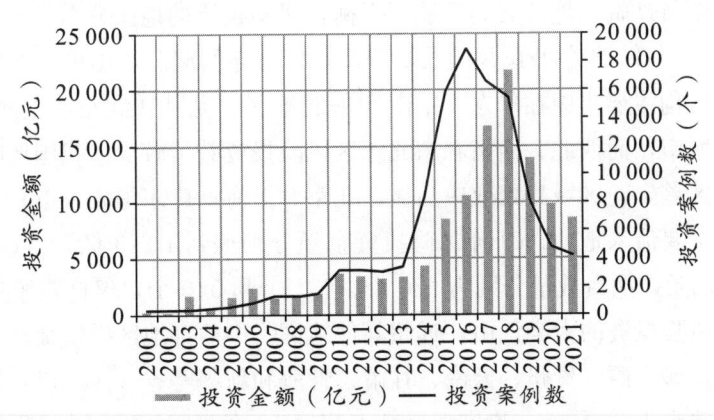

图1-1 中国风险投资金额与投资案例数变化趋势（2001—2021年）

数据来源：Wind资讯。

---

① 数据来源：Wind资讯。

风险投资行业以信息技术等高新技术产业为主，分享经济成为新的热宠。从我国风险投资行业变化趋势来看（如图 1-2），风险投资主要投向信息技术等信息产业，在 2015 年和 2020 年投资金额分别为 3 670 亿元和 3 267 亿元，占比为 55.11% 和 41.85%，投资数量分别为 5 289 和 2 274 个，占比为 61.45% 和 61.55%；2020 年投向医疗保健和金融行业占比大幅度增加。越来越多的新型行业涌现，尤其是归为消费类的分享经济，如共享单车市场受到各方关注。与此同时，能源、房地产等传统行业的风险投资步伐放缓。

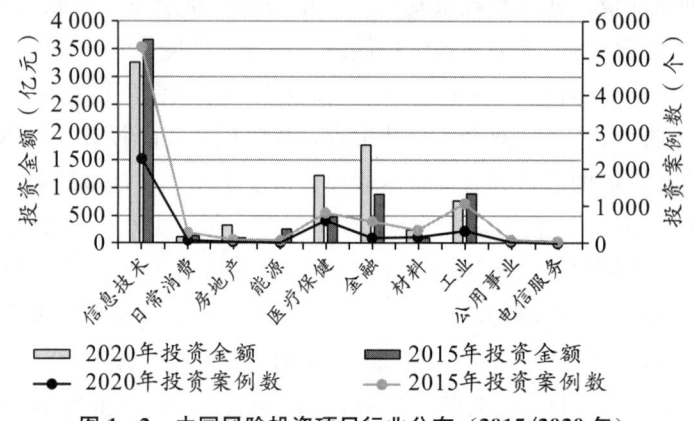

图 1-2 中国风险投资项目行业分布（2015/2020 年）

数据来源：Wind 资讯。

我国幅员辽阔，地区之间发展不平衡，风险投资的地区分布不平衡也不例外。图 1-3 为 2021 年我国风险投资资源地区分布情况。从图可以看出，我国风险投资机构主要集中在华东、中南和华北地区，尤其在北京、上海、深圳、广州等大城市，而西北、西南和东北地区风险投资数量较少。我国风险投资活动存在地区差异，区域集聚效应凸显，北京、上海、广东等省（市）是风险投资项目的主要流入地，2021 年风险投资金额分别达到 1 273 亿元、1 174 亿元和 1 220 亿元，项目数量分别为 656 个、631 个和 546 个，仅这三个地区就占据了全国风险投资的大半江山，远超其他地区。中西部地区投资金额和投资数量均较小，如广西、贵州、云南、甘肃、青海和新疆等省（区、市）的风险投资金额全部小于 20 亿元，投资项目数不超过 10 个。① 这充分说明我国风险投资存在地理亲近现象，风险投资的不平衡分布势必进一步加大区域发展不平衡，从而进一步影响科技创新能力提升。

---

① 数据来源：Wind 资讯。

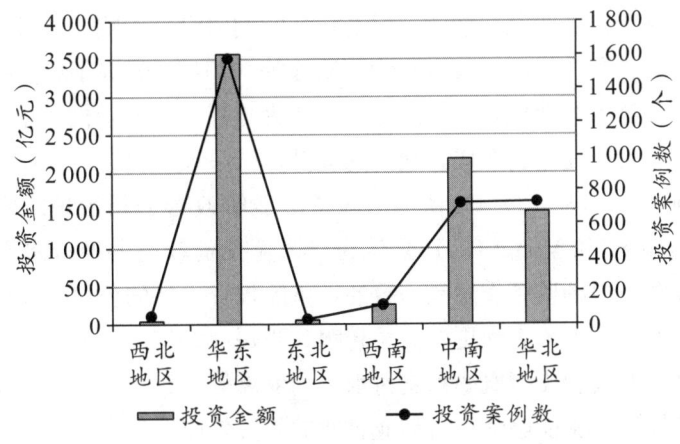

图 1-3 中国风险投资资源分布（2021年）

注：根据Wind资讯统计，华北地区包括北京市、天津市、河北省、陕西省、山西省、内蒙古自治区，中南地区包括广东省、湖南省、湖北省、海南省、广西壮族自治区、河南省，西南地区包括四川省、重庆市、云南省、贵州省、西藏自治区，东北地区包括吉林省、黑龙江、辽宁省，华东地区包括上海市、江苏省、浙江省、福建省、安徽省、江西省、山东省，西北地区包括陕西省、甘肃省、宁夏回族自治区、新疆维吾尔自治区、青海省。因数据可获得性问题，本书所有数据统计未包含港澳台地区。

1.1.2 理论背景

技术创新是指企业应用创新的知识和新技术、新工艺，采用新的生产方式和经营管理模式，提高产品质量，开发生产新的产品，提供新的服务，占据市场并实现市场价值。技术创新活动是一项复杂的系统工程，由企业、政府、科研院校等多个部门共同完成。技术创新受到各种因素的制约，加之道德风险和信息不对称问题，使得技术创新更难跨越资金和管理的"死亡之谷"（谢雅萍、宋超俐，2017；Tian et al，2020；张伟科，2020；Zhang et al，2021）。技术创新必然离不开资本的支持，风险投资不仅能够帮助企业缓解资金困难，还能够利用其投资经验，给创业企业带来增值服务。

随着创业创新浪潮的高涨，国内外学者从不同角度研究了风险投资对企业的影响。目前，已有文献主要从以下三个方面进行了研究。一是风险投资对创业企业绩效的影响。如Gerasymenko等（2015）、Lahr和Mina（2015）、董静等（2017）认为，风险投资介入与创业企业绩效呈正相关关系，风险投资通过商业模式的改变影响创业企业绩效。吴育辉等（2015）认为，在短期内，风险资本介入能够提升企业经营绩效，但是在长时期内没有影响，且只影响企业息税前利润，对总资产周转率没有影响。姚铮等（2017）研究了风险投资声誉因素对风险投资介入企业成长绩效的作用，认为与高声誉风险投资相比，低声誉风险投资更有利于促进企业成长绩效的提升。二是风险投资对创业企业治理和IPO的影响。Liao等（2014）认为风险资本能够改善公司治理结构过度控制的问题。Otchere和Vong（2016）认为，风险投资较高的抑价水平和上市成本与风险投资公司的监管作用是一致的，风险投资支持的公司比非风险投资公司的股价更低，且上市表现更好。吴超鹏和张媛（2017）认为风险投资介入会提高创业公司的股利支付概率和支付水平。罗炜等（2017）认为风险投资的董事会席位和投资经验能够降低对创业企业的处置效应。三是风险投资对技术创新的影响。部分学者从不同视角对风险投资与技术创新进行了研究：包括不同风险投资特征对企业技术创新的影响——风险投资背景（苟燕楠、董静，2014；马嫣然等，2018）、风险投资策略（陈艳、罗正英，2018）、风险投资阶段（邹双、成力为，2017）；也包括风险投资对区域技术创新的影响，如睢博（2018）认为风险投资能够显著提升区域技术创新且存在空间溢出效应。四是地理距离对风险投资的影响。French & Poterba（1991）最早提出风险投资具有地理邻近现象。之后，Kolympiris等（2011）认为风险投资存在空间集聚现象；龙玉和李曜（2016）认为风险投资不会"舍近求远"，且在风险投资集聚地（北京、上海、深圳）的退出率最低，而其邻近省份的退出率最高。董静等（2017）发现风险投资机构与创业企业之间的地理距离对风险投资机构的策略选择有显著影响。

虽然国内外学者从不同角度分析了风险投资对创业企业的影响，但是研究风险投资对技术创新影响的文献相对较少，从空间行为视角研究风险投资对技术创新影响的文献则少之又少。首先，现有大多数研究采用专利数量等单一指标来评价技术创新，这与当前科技创新日益复杂化的现状不协调。另外，用专利和商标来衡量技术创新可能存在偏误，技术创新不仅包括专利和商标等产出，还包括管理创新、运营创新等很多方面。其次，中国风险投资机构和技术创新存在着区域发展极不平衡的特征，表现出明显的空间邻近和集聚特性，在时空上具有空间相关性，如果理论和实证研究忽略空间相关性，就会使得相关研究的结论缺乏解释力和说服力，也很难做出良好的决策，收到好的实施效果。第三，中国风险投资机构主要集中于北京、上海、深圳、广州等中心城市，风险投资具有明显的地理亲近现象，但是随着区域内竞争程度的增加，跨区域投资势在必行。然后，随着风险投资机构与创业企业之间地理距离的增加，势必增大投资风险和投资成本。因此，地理距离是影响风险投资的重要决策变量，而现有文献引入地理距离因素分析风险投资对技术创新影响的文献非常少。最后，高铁通车带来的时空压缩影响风险投资对技术创新的作用。中国进入高铁时代，高铁通车能够使城市之间的地理距离大大"缩短"，高铁通车带来的空间压缩、地理效率促进了风险投资对创业企业的交流、考察、监督和管理，降低了风险投资机构与创业企业之间的直接互动成本。而现有文献很少从高铁通车带来的时空压缩角度来研究风险投资对技术创新的影响，忽略我国高铁发展举世瞩目，高铁纵横南北带来的时空压缩和地理效率，会造成风险投资对技术创新影响的估计偏差。

基于前文的理论分析，本书主要从以下几个方面进行了改进。首先，技术创新是一个多维度概念，应采用多维度指标进行评价。如在研究风险投资对企业层面技术创新影响时，不仅应该使用专利申请量和商标数量，还应该使用发明专利申请量、实用新型专利权申请量、外观设计专利申请量、专利授权量等多个指标进行分别评价；区域层面上，应该从技术创新投入、技术创新产出、技术创新扩散和技术创新环境等多个方面进行综合评价。其次，从空间溢出视角研究了风险投资对区域技术创新的影响。本书采用空间杜宾模型，实证检验了风险投资对技术创新的影响，分析了其空间相关性及空间溢出效应。第三，引入外生变量地理距离，采用面板模型分析了地理距离、风险投资对技术创新的影响。最后，以高铁通车这一准自然实验，采用PSM-DID模型分析了高铁通车、风险投资对技术创新的时空压缩效应。

综上所述，从空间行为视角出发，将地理距离、高铁通车和空间效应纳入分析框架中，为研究风险投资介入对技术创新的影响提供了一个新的视角。在"大众创业，万众创新"背景下，如何充分利用风险投资，发挥时空压缩效应和空间溢出效应，推动我国科技创新能力提升，驱动产业转型升级，具有重大的理论价值与现实意义。

1.2 问题提出

基于以上现实背景和理论背景，本书从空间行为视角研究了风险投资对技术创新的影响，主要包括以下几个方面的问题。

第一，深入剖析风险投资对技术创新影响的内在机制。

近年来，我国创业投资发展环境不断优化，风险投资事业快速发展，形成

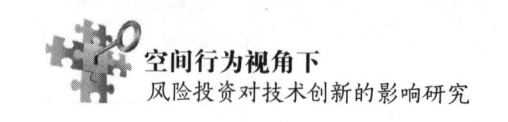

了中国特色的发展模式。而技术创新是一个由政府、科研院所、企业等众多部门共同参与的系统工程，受到各种因素的影响，风险投资也不例外。那么，风险投资通过何种机制影响技术创新？风险投资对技术创新的影响是否受地理距离、高铁通车等时空因素的影响？本书基于这些问题，对风险投资介入影响企业技术创新的因素及其内在机制进行了分析。

第二，企业层面上，风险投资介入能否提升企业技术创新水平？对于发明专利、实用新型专利和外观设计专利等不同类型技术创新，风险投资对其影响又是如何？

近年来，国内外学者从不同方面研究了风险投资对企业技术创新的影响，但是多数研究主要分析了风险投资介入对企业技术创新的影响，且大多数仅仅以专利申请量作为技术创新的评价指标。本书基于前人的研究成果，以创业板上市公司为样本，不仅分析了不同特征的风险投资对企业技术创新的影响，还分析了风险投资对不同类型专利的影响。

第三，企业层面上，地理距离的远近是否影响风险投资对技术创新的作用？

我国风险投资机构主要集中于北京、上海、深圳等大城市，风险投资的投资活动具有地理亲近性，且地理距离的远近是影响风险投资是否成功的重要因素。现有文献仅仅分析了风险投资介入对技术创新的影响，而引入地理距离来分析风险投资对技术创新的影响的文献非常少，本书改善了以往研究的不足，具有重要的现实意义。本书将地理距离这一外生因素纳入风险投资与技术创新分析框架中，分析了风险投资对企业技术创新的作用是否受地理距离远近的影响。

第四，区域层面上，高铁通车这一外生冲击变量是否影响风险投资对区域技术创新的作用？

中国高铁通车后，正式进入高铁时代，各个城市之间的地理距离大大"缩短"，重塑了中国区域经济增长和创新能力提升的格局，这也是社会各界最关注的问题。现有研究从高铁通车这一视角分析风险投资的文献较少，而分析风险投资对技术创新能力影响的文献则少之又少，本书改善了以往研究的不足，对于新时代创业创新政策的制定具有重要现实意义。本书以高铁通车这一准自然实验，将高铁通车作为外生冲击变量来研究风险投资介入对区域技术创新的影响。

第五，区域层面上，风险投资能否提升区域技术创新能力？风险投资对技术创新的影响是否存在空间溢出效应？

中国风险投资和技术创新发展极不平衡，且随着现代信息技术快速发展，地区之间并不是相互独立的，某地区风险投资和技术创新水平与相邻地区息息相关。现有研究主要以企业层面为主，从区域层面研究风险投资对技术创新产生影响的文献相对较少，而考虑其空间溢出效应的文献更少。本书采用空间计量模型，从空间溢出视角分析风险投资对区域技术创新的影响及其空间溢出效应，丰富了区域层面研究的思路。

1.3 相关概念界定

本部分主要对技术创新、风险投资、空间行为、地理距离与空间效应等概念进行界定。

1.3.1 技术创新

经济学家熊彼特于1912年在其著作《经济发展理论》中率先提出了"创新"概念，认为创新是把众多生产要素重新组合后引入新的生产体系，即形成一种新的生产函数，将一种史无前例的生产要素和条件的"新结合"引入现实的市场规律中。创新覆盖五个方面：（1）生产新产品；（2）引用新技术，采用一种新方法、新工艺；（3）开拓新的市场；（4）获得一种原材料的新来源；（5）形成一种新的企业管理方法或者组织方式。之后经济学家对创新理论进行了补充与发展，一般情况下，创新有广义和狭义之分，广义创新是指理论创新、体制创新、机制创新、技术创新和其他创新，而狭义创新通常指技术创新。

技术创新是创新的重要组成部分，是从开发新产品和发现新工艺的设想到产品商业化应用的整个过程，包括创新想法的产生、研究开发、生产等一整套活动，技术创新不仅仅属于技术范畴，也属于经济范畴。不同的学者对技术创新的定义不同，如Mueser（1985）认为技术创新是一种有意义的非连续性事件，其思想新颖并能够成功实现。Freeman（1997）认为技术创新是指新产品、新过程、新系统和新服务的首次商业性应用。中共中央、国务院颁发的《关于加强技术创新，发展高科技、实现产业化的决定》对技术创新进行了界定："技术创新，是指企业应用创新的知识和新技术、新工艺，采用新的生产方式和经营管理模式，提高产品质量，开发生产新的产品，提供新的服务，占

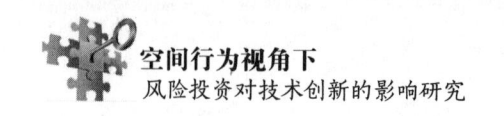

据市场并实现市场价值。企业是技术创新的主体。技术创新是发展高科技、实现产业化的重要前提。"我国学者对技术创新也做了广泛而深入的研究,如傅家骥(2001)认为:"技术创新是企业家抓住市场的潜在盈利机会,以获取商业利益为目标,重新组织生产条件和要素,建立起效能更强、效率更高和费用更低的生产经营系统,从而推出新的产品、新的生产(工艺)方法、开辟新的市场、获得新的原材料或半成品供给来源或建立企业的新的组织,它包括科技、组织、商业和金融等一系列活动的综合过程。"

1.3.2 风险投资

风险投资(Venture Capital,简称"VC"),又称创业投资,主要是指风险投资家向初创企业提供资金支持的一种融资方式。风险投资是由具有科技、财务、投资经验的专业人士组成的专业投资公司,对拥有核心技术并且具备良好发展潜力的初创公司提供资金支持,直接获取初创公司的股权,并且以在一段时间后通过出售股权或者获取红利等方式取得回报为目的。风险投资以"高风险、高科技、高成长潜力"为特征,在投资过程中具有较大的不确定性,获取较大回报的同时面临很大的风险。

不同的机构和学者对风险投资的定义不同,如经济合作与发展组织(OECD)对风险投资的定义是,"凡是以高科技与知识为基础,生产与经营技术密集的创新产品或服务的投资,都可视为风险投资"[①];美国风险投资协会(NVCA)对风险投资的定义是,"风险投资是由职业资本家投入到新兴的、迅速发展的、有巨大竞争潜力的企业中的一种权益资本投资"[②];欧洲风险投资协会(EVCA)对风险投资的定义为,"风险投资是一种专门的投资公司向具有巨大发展潜力的成长型、扩张型或重组型的未上市企业提供资金支持并辅之以管理参与的投资行为"[③];美国经济学家Douglas(2005)认为,"风险投资是准备冒险的投资,是准备投资一个具有迅速发展前景的新公司或者新产品";我国学者成思危(2007)对风险投资的定义为,"所谓风险投资,是指把资金投向蕴藏着较大失败危险的高新技术开发领域,以期成功以后取得高资本收益的一个商业投资行为"。

---

① 经济合作与发展组织(OECD)官方网站:http://www.oecd.org/。
② 美国风险投资协会(NVCA)官方网站:http://www.nvca.org/。
③ 欧洲风险投资协会(EVCA)官方网站:http://www.bvca.co.uk。

本书基于前文对风险投资的讨论，对风险投资的定义界定如下：风险投资是指风险资本家通过募集方式获取资金，然后向拥有核心技术并且具备良好发展潜力的初创公司提供资金支持获取该公司股权，并提供管理、认证、指导等一系列增值服务，适时通过出售股权或者IPO退出投资的投资行为。

1.3.3 空间行为

随着航海航空和地图等技术的快速发展，地理空间可以通过地图的形式展示出来，空间位置、距离和方向等均能在地图上被展示。随着人文地理学的发展，空间概念从传统的地理空间向社会空间进行演变，已经形成一种集物理空间、社会空间与精神空间为一体的空间体系（亨利·勒菲弗，2008）。对于空间行为的研究始于20世纪60年代，结合人文地理学、社会学、心理学等学科，根据个人或者组织对环境的认知，做出空间决策和进行空间选择的行为。Jakle等（1976）认为，空间行为是指人对空间环境的认知、选择与行为。柴彦威（2014）认为，空间行为是人、家庭或者社会组织等行为主体在空间环境中的行为模式。本书认为，空间行为是指行为主体根据空间环境获取的信息，形成自身的空间知觉，根据既有信息进行空间认知和空间选择，通过一系列空间活动产生活动效果。而风险投资的空间行为是指风险投资机构通过空间感知、空间认知、空间选择，在资金募集、投资选择、增值服务、投资退出等一系列活动中产生实际效果。本书主要通过对地理距离、高铁通车、空间集聚等空间环境变化的感知，研究风险投资机构进行投资选择的一系列活动。

1.3.4 地理距离

地理距离是信息不对称的主要来源（Ragozzino，2009），而信息不对称会产生逆向选择和道德风险问题。随着空间经济学的发展，越来越多的学者从空间距离视角分析经济现象。如Chesbrough等（2008）、Giuliani等（2016）认为创新主体更加倾向于与地理位置邻近的主体进行交流合作，但是随着信息技术的发展，地理距离的影响正在减弱。贾镜渝等（2015）认为地理距离会降低跨国并购的成功率。陈光华等（2015）认为地理距离对专利产出没有显著影响，而对新产品产出有显著的负向影响。董静等（2017）分析了地理距离对风险投资策略选择的影响，认为风险投资具有地理亲近现象，随着地理距离的增加，风险投资机构倾向于选择分阶段投资策略和联合投资策略。

目前，主要采用两点之间的长度来度量地理距离，本书在已有研究的基础上，对地理距离界定如下：地理距离是指风险投资注册所在地与创业企业注册所在地之间的空间长度。对于地理距离的计算，本书借鉴 Cumming 和 Dai（2010）的方法，通过以下几个步骤进行计算。第一，确定主风险投资机构。如果创业企业只有一家风险投资机构，则该机构为主风险投资机构，如果有多家风险投资机构，则持股较多的风险投资机构为主投资机构。第二，确定主风险投资机构与企业的注册地，并且根据注册地查找其经纬度。第三，根据主风险投资机构与企业注册地的经纬度计算二者之间的地理距离。

1.3.5 空间效应

随着空间计量经济学概念的提出（Paelink & Klaassen，1979）和发展完善（Cliff & Ord，1981；Elhorst，2010），可以用空间计量经济学模型解决空间单元之间的相互关系，如空间自相关性、空间依赖性和空间溢出效应等。

空间效应是指具有空间地理属性的变量之间相互影响产生一定的反应，包括空间异质性和空间自相关。其中，空间异质性是指空间单位观测值在空间分布上的不均匀性、复杂性及非平稳性，如风险投资布局的空间异质性导致企业获得融资的差异，进而影响区域创新能力的空间差异；空间相关性是指空间单元中某地区某变量的变化不仅受本地区相关变量的影响，还会受周边其他地区同一变量的影响，如河北省创新能力水平不仅受本省研发投入的影响，还会受北京市创新能力的影响。

空间集聚是指具有空间地理属性的某个变量在单个或者少数几个地理区域内集中，如创新能力较强的城市与创新较强的城市相邻，创新能力较低的城市与创新能力低的城市相邻，在区域内形成集聚现象。Alfred Marshall 在 1890 年出版的著作《经济学原理》中首次提出了集聚，之后学者们进行了大量研究，并且认为专业化集聚能够在区域内产生知识溢出，即作为知识载体的新产品、新技术、新思想和专业人员在产业内自由流动形成外部性。

1.4 研究内容

本书主要包括 8 章，主要内容如下。

第 1 章为导论。主要分析了现实背景和理论背景，提出了研究问题；界定了技术创新、风险投资、空间行为、地理距离和空间效应等核心概念；总结了本书的研究内容，提出了所采用的技术路线、研究方法、主要的创新点和不足之处。

第2章为理论基础与文献综述。首先，分析了风险投资与技术创新相关理论，如技术创新理论、风险投资理论与金融区位论等；其次，综述了关于风险投资、地理距离、高铁通车与技术创新等领域的国内外研究成果；最后对国内外文献进行了述评，分析了现有文献的不足，引入本书的研究主题。

第3章为风险投资对技术创新的影响机制。首先，采用理论模型推导了风险投资介入对技术创新的影响；其次，分析了风险投资对技术创新的影响因素，如前置变量、中介变量和调节变量等；第三，分析了风险投资对技术创新的作用过程，包括直接作用过程和间接作用过程；最后，分析了地理距离、风险投资与技术创新的影响机理，高铁通车、风险投资与技术创新的影响机理等，进一步明确本书的研究思路和主题。

第4章为基于PSM模型的风险投资对企业创新绩效的影响。利用创业板上市公司数据，采用最邻近匹配、半径匹配与核匹配的PSM方法，实证分析了风险投资介入对我国创业板企业专利申请量、发明专利申请量、实用新型专利申请量和外观设计专利申请量等四种不同类型创新绩效的影响。

第5章为地理距离、风险投资与技术创新。从经济地理学与金融学交叉视角，利用创业板上市公司数据，分析了风险投资介入对技术创新的影响是否受地理距离远近的影响，并且根据风险投资背景和投资策略的不同，分别进行了实证检验和稳健性分析。

第6章为高铁通车、风险投资与技术创新。以2005—2017年我国277个地级市城市的面板数据为样本，采用倾向匹配得分（PSM）和双重差分模型（DID）考察高铁通车是否影响风险投资介入对区域技术创新的处理效应。另外，进一步分析了高铁冲击与风险投资效应，即高铁通车是否影响风险投资对不同类型创新水平（突破性创新和渐进性创新）的处理效应。

第7章为空间溢出、风险投资与技术创新。以2005—2017年我国29个省（区、市）的省际面板数据为样本，采用空间面板计量模型实证检验了风险投资介入对区域技术创新的影响及其空间相关性，并且测算了风险投资介入对区域技术创新的直接效应、间接效应（空间溢出效应）和总效应。

第8章为主要结论与展望。根据前文的实证分析结果，归纳出本书的主要结论，并且提出未来研究的方向与思路。

1.5 技术路线

本书研究的技术路线与研究框架如图1-4所示。

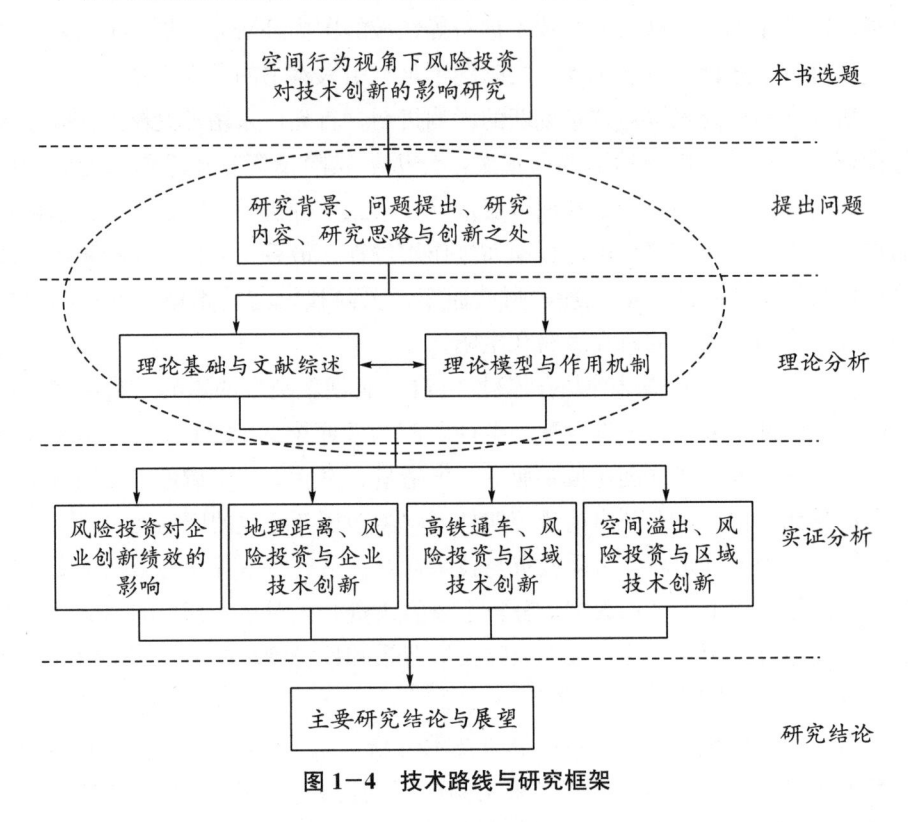

图1-4 技术路线与研究框架

1.6 研究方法

从空间行为视角研究风险投资介入对技术创新的影响是横跨多个学科的交叉研究主题，在研究过程中涉及多学科知识和方法。本书在理论分析基础上，利用倾向得分匹配法（PSM）、双重差分模型（DID）、空间杜宾模型（SDM）等方法从企业和区域层面分析了空间行为视角下风险投资对技术创新的影响，在研究中主要采用了以下几种方法。

第一，文献分析与理论演绎推理相结合。在写作过程中，收集、整理、分析了风险投资介入、技术创新、地理距离、高铁通车与空间溢出等主题的相关文献，发现从地理距离、高铁通车、空间溢出等视角分析风险投资对技术创新影响的文献非常少，分析风险投资对技术创新的影响是目前国内外学术界的一个热点，尚未形成统一的理论体系。本书在梳理现有文献的基础上，通过相关理论演绎推理，归纳和总结出本书的理论框架和研究问题，结合我国的实际情况，提出本书的研究思路和研究重点，即空间行为视角下风险投资对技术创新的影响研究。

第二，规范与实证分析相结合。目前，现有文献主要从企业层面上实证分析了风险投资对技术创新的影响，而引入时空因素来分析风险投资对技术创新的文献非常少。本书重点以空间行为作为切入点，不仅从理论上分析了风险投资对技术创新的影响机理，还引入地理距离、高铁通车与空间溢出等变量，通过实证模型分析风险投资对技术创新的影响。在方法选择上，采用了倾向得分匹配法（PSM）、双重差分模型（DID）、空间杜宾模型（SDM）等方法实证分析了风险投资对技术创新的影响，与传统普通最小二乘法相比，这些方法均具有一定的优势，如PSM模型能够规避样本选择偏误和克服维数问题，PSM-DID模型能够降低因遗漏变量问题所导致的内生性估计偏误问题，空间计量模型考虑了空间依赖或者空间自相关特征，从而有效降低了偏误发生的概率，使得出的结论更加可靠准确。

第三，微观与宏观研究相结合。本书在实证分析过程中，首先以创业板上市公司数据为样本，采用PSM模型分析了风险投资与技术创新之间的因果关系，利用面板回归模型分析了地理距离、风险投资对企业技术创新的影响；然后以市级面板数据和省级面板数据作为样本，采用PSM-DID模型分析了高铁通车、风险投资对技术创新的影响，采用空间计量模型分析了风险投资对技术创新的空间效应。从微观和宏观两方面进行分析，一方面可以弥补单一层面数据特性的局限；另一方面也可以从不同层面进行相互佐证，保证回归结果真实可靠。

1.7 主要创新点

在倡导"大众创业，万众创新"，加速推进我国科技创新能力的背景下，本书采用理论和实证相结合的方法，从空间行为视角研究了风险投资对技术创新的影响。在选题角度、理论分析、计量方法等方面进行了创新性研究。主要创新点主要包括三个方面。

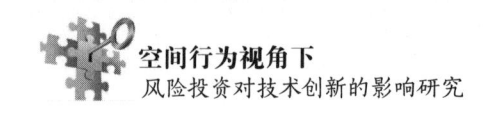

1.7.1　从地理距离视角研究了风险投资对技术创新的影响

随着创业创新浪潮的高涨，风险投资这一新兴领域受到了学术界广泛而深切的关注。然而，国内外文献主要集中于探讨风险投资是否影响IPO市场表现及退出、企业治理、企业经营绩效等。而考察风险投资对技术创新影响的文献较少，从地理距离角度研究风险投资对技术创新的文献则少之又少。本书通过梳理现有文献，系统分析风险投资与技术创新的影响因素及其影响机理，拓展风险投资的"本地偏好"认识，把地理距离因素纳入分析风险投资介入对技术创新的影响框架中，为风险投资和技术创新理论研究提供了一个新的视角。

1.7.2　从高铁通车视角研究了风险投资对技术创新的影响

近年来，部分研究讨论了高铁通车对经济和社会的影响，如区域经济、航空业、公路和海上运输、旅游时间等。也有少量研究分析了高铁在以城市技术绩效为特征的第四次工业革命转型中的作用（Gao & Zheng, 2020; Ji & Yang, 2020）。但是，截至目前研究高铁对风险投资技术溢出的冲击文献太少。因此，本书把高铁通车这一政策事件纳入风险投资与技术创新的分析框架中，为风险投资和技术创新理论研究提供了一个新的视角。

1.7.3　从空间溢出视角研究了风险投资对技术创新的影响

我国地域辽阔，风险投资发展起步较晚，各个地区间风险投资发展与技术创新水平差异较大，但是地区之间并不是相互独立的，一个地区某种现象与相邻地区同一现象息息相关，我国各地区风险投资发展和技术创新也不例外。目前，我国风险投资主要集中于北京、上海、广州、深圳等发达城市，存在着明显的空间集聚特征，这要求在考察风险投资介入对区域技术创新的影响时不能忽略空间相关性，如果忽略空间效应可能会影响结果的稳健性，并不利于更加准确地制定政策。目前，仅有少数研究利用空间计量模型探讨风险投资对技术创新的空间溢出效应。本书采用空间计量模型实证检验了风险投资对区域技术创新的影响及其空间溢出效应。同时，在计量分析时，分别采用了空间邻近、空间地理距离和空间经济距离等三种不同类型的空间权重矩阵，并且通过变换解释变量的评价指标和通过SAR模型的GMM方法进行了稳健性检验。

2 理论基础与研究综述

2 理论基础与研究综述

技术创新作为创新的主要组成部分,必然离不开资本的支持。风险投资在发挥其正外部性的同时,必然面临信息不对称和道德风险问题,使得风险投资对技术创新的影响存在众多不确定性。随着技术创新理论的发展,国内外学者从不同角度研究了风险投资对技术创新的影响。

本章从技术创新理论入手,首先论述了技术创新理论、投资决策理论、新经济地理学理论、空间行为理论。其次,在理论分析基础上,结合国内外文献对风险投资与技术创新的关系进行了综述和评述,主要包括三个方面:一是关于风险投资对技术创新的影响,二是关于地理距离、高铁通车、风险投资与技术创新研究,三是关于空间溢出、风险投资与技术创新的研究。最后,在理论和文献分析基础上,评述了国内外文献研究的不足之处,切入本书的研究主题。

2.1 相关理论基础

本部分主要对技术创新理论、风险投资理论和金融区位理论三方面内容进行分析与讨论。

2.1.1 技术创新理论

技术创新理论由美籍奥地利经济学家熊彼特于1912年在其著作《经济发展理论》中首次提出。之后熊彼特的追随者围绕技术创新展开了大量的研究,形成了许多具有特色的理论,并且将技术进步纳入新古典经济学的理论框架中,主要成果包括新古典经济增长理论和内生经济增长理论。目前,技术创新理论的研究已经形成了技术创新的新古典学派、技术创新的新熊彼特学派、技术创新的制度创新学派、技术创新的国家创新系统学派等四大理论学派。

2.1.1.1 技术创新的新古典学派

技术创新的新古典学派对于技术创新的研究主要建立在"市场失灵"基础

上。新古典学派的代表主要包括索洛（Solow）、罗默（Romer）等学者，主要围绕技术创新对现代经济增长的贡献率，将技术创新纳入经济增长模型展开研究。如索洛（1957）以美国1909—1949年制造业数据为样本，研究发现美国制造业的劳动生产率有88%应归功于技术进步。除此之外，新古典学派还研究了技术创新中的政府干预作用，认为技术创新资源的供需失去平衡时，政府应该采用调控手段进行干预，如税收政策、法律制度、金融工具等，对技术创新活动进行有效干预，以提高经济发展中的技术进步贡献程度。

2.1.1.2 技术创新的新熊彼特学派

技术创新的新熊彼特学派代表学者包括美国经济学家曼斯菲尔德（Mansfield）、阿罗（Arrow）、施瓦茨（Schwartz），他们秉承熊彼特的传统分析观点，认为技术创新是一个相互作用的复杂过程，技术创新和技术进步是经济增长的核心驱动力，深入研究了熊彼特所忽略的技术扩散过程。

曼斯菲尔德深入研究了新技术的推广速度及其经济因素，并在此基础上构建了新技术推广模式，填补了熊彼特在技术创新与模仿之间关系领域的空白，但是其理论的前提条件和现实存在较大差距，如他认为新技术的出现一般都处于垄断状态，而完全竞争市场的假设是不现实的，从长期来看，垄断会更有效率，垄断行为可以维持创新的发展。因此，曼斯菲尔德的理论对现实经济的解释是有限的。阿罗、施瓦茨等学者从竞争与垄断的视角研究了技术创新过程，把市场竞争强度、垄断强度和企业规模引入市场结构中进行研究，探讨了技术创新与市场结构的关系，提出了最有利于技术创新的市场结构模型。

2.1.1.3 技术创新的制度创新学派

技术创新的制度创新学派代表包括美国经济学家道格拉斯·诺斯（Douglass North）和兰斯·戴维斯（L. Davis）等学者。Davis & North（1970）提出了制度创新理论，认为制度创新是对经营管理方式和组织形式的革新。制度创新学派采用一般静态均衡和比较静态均衡方法，通过对技术创新环境的制度分析，认为经济增长的关键影响因素是制定一个能够有效刺激经济活动个体的制度，使得私人收益率与社会收益水平相接近。他们认为制度创新包括五个阶段：一是形成能够引起制度创新的行动集团，二是提出制度创新的主要方案，三是根据制度创新的原则对方案进行评估和选择，四是形成推动制度创新起次要作用的集团，五是两个集团共同努力去实现制度创新。

2.1.1.4 技术创新的国家创新系统学派

技术创新的国家创新系统学派代表主要包括英国学者弗里曼（Freeman）、美国学者纳尔逊（Nelson）等学者。国家创新系统学派认为，技术创新是由国家创新系统推动的，不仅仅是企业和个人的功劳。企业等创新主体通过国家创新制度的安排，推动知识创新、引进、扩散和应用等，提高国家技术创新水平。

Freeman（1987）提出了国家创新系统理论，通过对日本技术创新活动的分析，认为国家创新系统对一个国家经济的快速增长具有重要作用，并且对国家创新系统进行了界定。从狭义上讲，国家创新系统是与创新活动直接相关的机构，而从广义上讲，国家创新系统主要包括国民经济中涉及引入和扩散新产品、新过程和新系统的所有机构。

Nelson（1993）分析了美国支持技术创新的制度结构，认为国家创新系统非常复杂，包括制度因素、技术行为因素、科研机构、政府部门等，科学技术存在各种不确定性，国家创新系统制度应该具有灵活性和适应性。

总之，对技术创新理论之新古典学派、新熊彼特学派、制度创新学派和国家创新系统学派理论的分析可见，各个学派的创新理论都建立在一定的假设基础上，各具优点和不足。风险投资对技术创新的影响是一个复杂的过程，不仅是受风险投资直接作用的过程，还是受其他因素间接作用的过程。因此，分析技术创新理论，对深入探讨风险投资对技术创新的影响具有重要意义。

2.1.2 风险投资理论

风险投资主要是指向初创企业提供资金支持并取得该公司股份的一种融资方式。近年来，随着科学技术的发展，我国科技水平取得了重大成就，在部分领域达到世界顶尖水平，但是在科技成果的转化方面，与欧美等发达国家存在巨大的差距，其中缺乏风险投资等资金介入是重要的原因之一。

2.1.2.1 风险投资发展演变

20世纪80年代以后，随着投资市场竞争加剧，风险投资从传统的直接投资方式向风险投资方式转变，各种风险投资工具相继诞生，主要包括三种方式。一是风险租赁。风险租赁是金融租赁与风险投资的有机组合，是一种以风险企业为承租对象的融资性租赁，即出租人通过租赁债券和股权投资的形式，给特定的承租人出租设备,而出租人获取股东权益和租金作为租赁交易的投资回报,这种方法能够有效解决创业企业生产运营或者技术研发的设备需要。风险租赁于20世纪70年代起步于美国,80年代伴随着半导体设备的租赁逐步盛行。二是麦则恩投资。麦则恩投资是传统风险投资的衍生品,最早起源于私人资本市场。麦则恩投资是一种中期风险投资,主要对象为发展成熟期的创业企业,这个阶段的企业具有稳定的盈利和市场份额,但是为了扩大生产规模需要资金。三是风险杠杆并购。风险杠杆并购是通过债务融资方式获取被并购企业股权的并购活动,一般是并购公司通过风险资本融资向被并购企业提供贷款,同时把被并购企业的资产作为抵押。

我国风险投资发展经历了大概三个阶段。第一阶段为20世纪80年代初至90年代初的前制度化阶段。我国民间风险资本在国家政策的支持下,开始在科技成果转化方面提供支持,但是这个阶段的风险投资发展仍然受到资金来源的约束,以及制度创新滞后的制约。第二阶段为20世纪90年代初至90年代末期的初制度化阶段。随着我国经济体制的改革和社会主义市场经济目标的提出,这个阶段的风险投资获得了初步发展,海外风险投资开始进入我国,带来了资金、人才和经验,推动了我国高新技术企业的快速发展,但是我国尚未形成完善的法律法规和制度,风险投资行业相对比较混乱。第三阶段为21世纪的快速发展阶段。这个阶段的风险投资机制开始形成,国家出台了一系列政策支持风险投资,构建了本土风险投资发展框架,如消除风险投资企业设立障碍、风险投资资金来源多样化、风险资本退出机制逐步形成等。

2.1.2.2 风险投资信息不对称理论

信息不对称是指交易中的各人拥有的信息不同,拥有较多信息的人员可能做出有利于自己而不利于别人的选择,损害相对人的利益。信息不对称可能引起逆向选择和道德风险问题。在经济活动中,各方掌握的信息存在一定的差异,与掌握信息较少的人员处于劣势相比,拥有信息较多的人员通常情况下处于优势地位。从时间顺序来看,信息不对称可以分为事前信息不对称和事后信息不对称,事前信息不对称可能引起逆向选择问题,事后信息不对称可能引起道德风险问题。

风险投资是一个复杂的系统工程,不仅包括投资,还包括融资、退出、管理等。风险投资信息不对称是风险投资与创业企业之间拥有的信息不同,创业企业可能实施有利于自己而不易于风险投资的战略措施,损害风险投资的利益。按照时间先后顺序来看,风险投资信息不对称可以分为投资前信息不对称和投资后信息不对称。按照内容的不同，可以分为投资信息不对称、融资信息不对称和退出信息不对称。按照参与者不同，可以分为风险投资者与风险投资家信息不对称、风险投资家与创业企业间的信息不对称、风险投资者与创业企业间的信息不对称。

本书主要探讨风险投资家与创业企业间的信息不对称问题。风险投资家与创业企业之间是一种契约关系，风险投资家向风险投资者募集资金，当募集到足够资金后，风险投资家将资金投资到创业企业，购买创业企业的债券或者股权，而创业企业是资金需求者，用公司债券和股权换取风险投资资金。但是由于存在信息不对称问题，风险投资家和创业企业都需要获取较多的信息，以保证交易双方的利益。在信息收集过程中，因双方掌握资源和支付成本存在差异，收集的信息也会不同，双方掌握的信息不对称会产生逆向选择和道德风险问题。

风险投资以募集到的资金投向创业企业换取其股权或者债券，但是作为创业企业来说，一般在创业初期的企业财务制度和治理结构都不完善，没有固定资产进行抵押担保，没有可供查询的信用记录。并且风险投资对创业的信息了解更少，特别是财务和交易记录等数据，而创业企业对自己的经营状况、核心技术、客户和市场份额更加了解，创业企业掌握更多的企业信息，可能做出有利于自己而不利于风险投资的选择和战略布局，损害风险投资的利益。从创业企业角度来讲，不仅需要风险投资提供融资支持，还需要风险投资带来增值服务，如监督、管理、认证、指导及其他资源，这需要对风险投资信息有足够的了解，包括风险投资背景、投资经验、过去投资业绩等，但是创业企业对风险投资信息了解甚少，而风险投资家拥有信息优势。

风险投资不对称问题可能产生道德风险和逆向选择问题。对于逆向选择问题，尽量降低信息收集成本，主要通过信息传递机制和信息筛选机制来解决。风险投资机构在选择创业企业时，有必要考察创业者的既往经历，如果企业过去有创业成功的经历，则再次获得风险投资的可能性增加，且创业企业为风险投资提供商业计划书，让风险投资更加了解创业企业。创业企业在筛选风险投资机构时，也会看中风险投资的既往业绩、背景、声誉，以及能带来的增值服务等。风险投资和创业企业的相关信息需要双方进行有效的筛选，提高信息的准确性和有效性。另外，对于道德风险问题，必须制定有效的激励和约束机制。激励机制主要通过给予企业管理层股权、企业管理层期权、制定契约执行机制等来实现，而约束机制主要通过分阶段投资、管理层雇佣条款、反摊薄条款、投票权协议、否定条款等方式来实现。

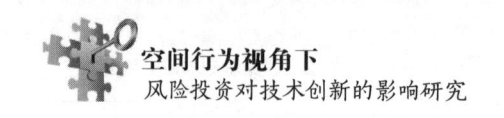

2.1.2.3 风险投资委托代理理论

委托代理理论由美国经济学家伯利（Berle）和米恩斯（Means）在1933年提出，众多经济学家运用该理论，对企业内部信息不对称问题和激励机制进行研究，并进而将该理论应用于解决企业问题。委托代理理论的中心任务是研究在利益相冲突和信息不对称的环境下，委托人如何设计最优契约激励代理人。在风险资本投资创业企业的过程中，存在两个委托代理关系，即风险投资者与风险投资家之间的委托代理关系、风险投资家和创业企业之间的委托代理关系。在委托代理过程中，由于双方掌握的信息不同，会产生信息不对称问题，而研究风险投资不对称问题引起的道德风险和逆向选择，需要深入分析风险投资委托代理问题。

国内外学者对风险投资委托代理问题进行了大量研究。如 Mull（1990）在20世纪90年代初提出了风险投资委托代理模型，以解决委托代理引起的问题。Reid（1996）构建了风险投资委托代理分析框架，探讨了信息系统、投资者（风险资本家）和被投资者（企业家）之间的信息不对称问题及其处理方法。Casamatta（2003）构建了纯金融机构、风险投资公司和企业等三者之间的委托代理模型。乔桂明和卜亚（2004）认为，应该从风险投资组织制度安排出发，对创业企业进行适当的监管，以此解决风险投资的委托代理问题。查博等（2015）基于不完全信息背景，构建了银行、风险投资机构与企业之间的委托代理模型，分析了风险投资监督作用与企业家过度自信对各参与方委托代理关系的影响。陈庭强等（2017）利用动态学习机制研究了风险投资委托代理问题，认为风险投资者学习效应下控制权转移激励与项目收益风险呈正相关关系，具有规模报酬效应。

2.1.3 金融区位理论

19世纪20年代德国农业经济学家冯·杜能（von Thünen）首次对区位论进行了分析，但是一直没有形成系统的界定。白光润（2009）对区位进行了定义："（区位）是指人类活动的空间位置及其与外部的空间联系和所具有的经济社会意义。"闫彦明（2012）认为区位不仅要回答"在什么地方"的问题，还要回答"与外部有什么联系""对社会经济发展有什么影响和作用"的问题。区位是一个动态、相互联系的概念，在经济社会发展演变中，与世间万物息息相关。

学术界一般将区位论分为古典区位论和现代区位论。古典区位论主要指19世纪初到20年代提出的区位理论，代表人物包括冯·杜能、阿尔弗雷德·韦伯等。古典区位论是从古典政治经济学思想基础上发展而来的，它以市场完全竞争作为假设，采用局部均衡分析方法，主要研究单个企业或者个体的最优区位选择问题。现代区位论产生于20世纪50年代后期，发达国家在经济工业化快速发展后，社会经济结构、城市体系等发生了深刻的变化，而传统的区位理论不能解释区域经济发展的新趋势、新方向和新情况，在此背景下形成了新的理论体系。

金融区位论是近年来在金融概念中加入空间因素发展而来的。金融区位就是货币、金融资源和金融活动的空间分布及它们相互之间、它们与外部环境之间的联系（闫彦明，2012）。近年来，国内外学者从不同角度采用经济地理手段分析了金融的区位属性、空间分布、空间集聚等现象。

2.1.3.1 货币金融空间属性

货币金融是金融体系最复杂的领域，在现代经济体系中，货币金融深入社会经济体系的各个方面，任何一次交易都可能涉及货币金融的空间转移。如随着金融自由化浪潮的推进，"国家热钱"为了追求高报酬和低风险，在世界各个国家之间流动，充分体现了货币金融的空间属性。另外，随着经济全球化和金融国际化的发展，一个国家的货币也具有空间属性，即一个国家的货币随着经济贸易在世界各个国家之间流动。

随着经济全球化和金融深化，金融产品及其衍生品种类繁多，分布广泛，这些金融产品也具有空间地理属性。如2008年全球金融危机的爆发，源于美国次贷危机，即一些金融机构为了获取高额报酬向信用低或者收入不高的借款人贷款。金融组织也具有空间区位属性，在现代经济体系中，金融组织种类多样，并且伴随金融机构的兼并重组，在世界各个国家之间转换、流动。金融资源具有集聚和扩散特征，金融资源包括货币资本、金融机构、金融产品、金融信息等各种金融相关的信息。目前，世界上金融资源主要集聚中心有纽约、芝加哥、伦敦、东京、香港、上海等城市，随着世界经济全球化和金融深化，金融中心城市也在发生区位转移。

2.1.3.2 宏观金融区位论

白光润（2009）认为："金融区位可以分为三个尺度：宏观、中观和微观金融区位，不同尺度的金融区位其参与主体、空间范围都存在较大差异。"宏观金融区位主要从全球角度，探讨世界各个国家由金融组织、金融市场、金融中心、金融制度、金融文化等组成的金融体系。从宏观上讲，越来越多的金融机构主要集中于发达国家和发达城市，Reed（1981）把全球 80 个国家的金融中心进行了分类，如东道国国际金融中心等。全球金融服务活动共同构成了一个复杂的网络体系，跨越国界限制，连接了世界主要城市。

宏观金融区位的形成和发展是一个漫长的过程，但是全球金融中心一旦建成便具有一定的稳定性，如长期处于优势地位的纽约、伦敦、东京等（Dicken，2007）。宏观金融区位影响因素较多，包括自然资源（如土地、矿产、气候、地形等）、经济技术（如劳动力、贸易关系、竞争关系、产业机构、交通运输等）、区域经济机制、政治特征、国家政策等（陆大道，1988），并且影响宏观金融区位的因素是多层次、多角度和多方面的，任何因素的变化都可能影响宏观金融区位移动，如金融自由化使得金融区位重构，金融服务外包使金融前后台分离等。

2.1.3.3 中观金融区位论

中观金融区位主要从一个国家的角度分析在国家内金融资源的空间分布和地区金融的空间布局。在不同的国家，或者不同的发展阶段，金融布局存在显著的差异，中观金融区位主要包括城乡金融分布区位和城市金融空间布局。从城乡金融分布区位看，在不同发展阶段，各个国家在城乡经济特征、区域特征、文化特征等方面存在差异，这是引起金融分布区位差异的主要原因。主要在以下几个方面存在区位差异：一是金融机构分布不同。与农村相比，城市人口密度较大，金融业务量多样化，具备金融机构生存的条件，因此金融机构主要集中于城市，使得城乡金融机构布局存在显著的差异。二是金融机构规模和类别不同。与农村单一的金融机构和较小的金融规模相比，城市金融机构和金融产品多样化，如银行、证券公司、保险公司、风险投资公司等，城市金融机构规模和种类都显著多于农村。三是农村与城市的经济结构和金融运作方式存在差异。农村居民收入不稳定、保险意识较低、缺乏担保物等，制约了农村金融的发展，造成农村与城市在金融运作方式方面存在差异。

近年来，在全球主要城市形成了金融集聚区，这些集聚区汇集了大量的金融资源，如纽约的华尔街、伦敦的金融城、上海的陆家嘴、香港的中环 CBD 等形成了各个地区或者金融中心最核心的区域。这些集聚区具有相似的功能，但是各具特征。这种金融区位集聚具有较强的排他性、金融寡头的垄断性、较高的聚集效应、融资的低成本和便利性。从我国的金融区位分布来看，我国金融区位分布中心主要在东部沿海地区，东中西部金融区位分布差异较大，如我国风险投资机构主要集中于北京、上海、广州、深圳等大城市，而中西部地区风险投资机构相对较少，这种空间区位分布在一定程度上影响了风险投资对创业企业的资金投入。

2.1.3.4 微观金融区位论

微观金融区位论主要从金融企业、金融产品等角度分析金融体系的空间布局。微观金融的空间区位布局不仅受各种宏观环境的影响，还会受各自内部因素的影响。微观金融区位的研究较早开始对跨国公司研发投入区位进行分析，如 Pearce & Singh（1992）分析了跨国公司海外研发经费投入的区位分布及其影响因素；He & Yeung（2011）分析了外资银行偏好布局在管制较少的城市，特别是中小银行更喜欢跟随竞争者聚集在主要发达城市。

风险投资机构作为金融业的重要组成部分，也存在空间区位分布特征。Sorenson & Stuart（1999）、Bender（2011）等学者探讨了风险投资的空间分布及对创业企业和风险投资机构的影响。Bringmann 等（2016）分析了空间布局和地理位置对创业企业的影响，他们认为随着风险投资与创业企业之间的空间距离缩小，风险投资规模增加，且创业风险投资是京津冀城市群一体化协同创新进程中的重要驱动力。李志萍等（2014）认为，随着空间距离的增加，风险投资交易成功率降低，风险投资具有地理位置邻近偏好。方嘉雯和刘海猛（2017）分析了京津冀城市群创业风险投资的时空分布特征，其研究发现，京津冀城市群的创业风险投资时空分布的不均衡性缓慢降低，创业风险投资三中心（北京、天津、唐山）对周边城市具有一定的带动作用。张涵（2017）认为，欧盟国家的创业风险投资机构在空间分布上存在区位特征，各个国家的风险投资具有空间相关性。

2.2 文献综述

本部分主要从风险投资与技术创新关系的研究，地理距离、风险投资与技术创新的研究，以及空间溢出、风险投资与技术创新等三个方面进行文献综述。

2.2.1 风险投资与技术创新关系的研究

关于风险投资与技术创新关系的研究，学术界尚未形成一致的研究结论。学术界分别从不同视角探讨了风险投资与技术创新的关系，如企业层面、行业层面、区域层面和国家层面等，大多数学者认为风险投资介入对技术创新存在影响。通过梳理国内外文献，发现风险投资介入对技术创新的影响主要包括四个方面，分别为风险投资对技术创新的促进作用、抑制作用、没有影响及二者之间相互影响。

2.2.1.1 风险投资对技术创新有促进作用

自 2000 年以来，研究风险投资对技术创新影响的文献逐渐增加，大多数认为风险投资能够显著地促进技术创新能力提升。Kortum & Lerner（2000）分析了 1965—1992 年美国 20 个行业风险投资介入对专利发明的影响。研究发现，风险投资介入能够显著地促进专利发明数量的提高，尽管 1983—1992 年风险投资与研发的比率平均不到 3%，但是风险投资对行业创新的贡献率大约为 8%。另外，将 408 家没有风险投资介入的公司和 122 家风险投资介入的公司进行对比分析，发现风险投资介入后，公司专利申请量、专利引用次数、专利诉讼等显著增多。之后，Dushnitsky & Lenox（2005）、Hirukawa（2008）研究发现风险投资与技术创新之间存在正相关关系。Bertoni & Tykvova（2012）认为风险投资对技术创新有促进作用，尤其是联合风险投资和私人风险投资效果更加明显。Popov & Roosenboom（2012）采用 1991—2005 年 21 个欧洲国家 10 个制造行业数据，首次从跨国层面研究了风险投资对专利授权数的影响，发现在高风险投资的国家，风险投资对专利授权数具有促进作用。Yu 等（2017）以中国 28 个省（区、市）面板数据为样本，研究了风险投资与技术创新之间的关系。结果显示，风险投资介入对技术创新存在显著的正向结果，特别是东部和中部地区，而在西部地区并不显著。

国内学者对风险投资与技术创新关系的研究相对较晚。程昆等（2006）运用 1994—2003 年全国专利申请量、研究与开发经费和风险投资额的数据，发现风险投资对我国技术创新有显著的促进作用。黄铭和朱孝忠（2012）利用中国各省的混合横截面数据对技术创新和风险投资间的关系进行了估计。研究发现，在省级数据层面，风险投资能够促进专利申请量增加，当地区风险资本量每增加 1%，会促进地区专利申请量增加 0.17%~0.22%，专利授权量增加

0.13%～0.17%。张学勇和张叶青（2016）以2003—2012年我国521家风险投资介入公司和781家没有风险投资介入的A股上市公司为样本，研究发现风险投资确实增加了企业的专利授权数量，并且风险投资介入使得企业创新能力增强。冯照桢等（2016）利用中国2001—2012年省级面板数据，采用平滑转换回归模型，实证检验了风险投资对技术创新的影响。他们认为，当风险投资规模超越一定的门槛值后，风险投资的融资支持和增值作用对企业创新具有正向影响。黄福广等（2016）认为，风险资本能够显著地促进企业技术创新，并且风险资本行业专业化程度越高，企业技术创新水平越高。邹双和成力为（2017）采用倾向得分匹配法，以2009—2012年创业板制造业企业为样本，分析了风险投资对创新绩效的动态影响。结果显示，上市前一年的风险资本投入对创新绩效的促进作用不明显，但上市前两年的风险资本投入对创新绩效有明显的促进效应。齐绍洲等（2017）认为，风险投资能够显著地提升新能源企业的创新能力，且通过三个机制实现：一是为企业经营发展提供直接的资金支持，二是提高企业研发创新的积极性，三是为企业提供多种形式的增值服务。于永达和陆文香（2017）利用2011—2015年927家中国上市科技企业微观数据，采用PSM-DID模型分析了风险投资对不同区域、不同所有制和融资约束科技企业创新效率的异质性影响。研究发现，风险投资显著提升了科技企业的创新效率，风险投资对东中部地区、内资企业及融资约束程度高的上市科技企业的创新效率提升作用尤为明显。庄新霞等（2018）认为，风险投资能够促进上市公司创新投入，进而促进公司创新产出的增加。吴友和董静（2022）认为，风险投资能够显著促进企业的基础性创新和商业化创新，且对商业化创新的促进作用大于基础性创新。

不同特征的风险投资对技术创新的影响不同。风险投资特征主要包括风险投资背景、风险投资类型和风险投资阶段。不同的风险投资背景会对技术创新产生不同的影响。如Bertoni & Tykvová（2015）以欧洲生物技术公司为样本探讨了政府风险投资（GVCs）对公司发明和创新的影响。结果表明，国有风险投资促进了独立风险资本投资者（IVCs）对发明和创新的影响。Brander & Du（2015）研究了政府资助的风险投资家对企业技术创新的影响。研究发现，中等比例的政府出资（低于50%）高于私营风险投资和高比例政府出资风险投资（政府出资高于50%）对企业技术创新的影响。陈伟（2013）基于非资本增值的视角，研究了不同背景的风险投资对企业技术创新的影响。结果显示，与民营风险投资相比，政府背景的风险投资会促进企业技术创新资源的增加，但并没有促进风险企业技术创新成果和技术创新效益的显著增加。蔡地等

(2015)以中小板和创业板上市公司为样本,实证分析了风险投资背景对技术创新的影响。结果表明,企业技术创新能力受风险投资背景的影响。与本土背景的风险投资相比,外资背景的风险投资更能促进创业企业技术创新产出增长;与民营背景的风险投资相比,政府背景的风险投资对创业企业研发投入的影响并无显著差异。苟燕楠和董静(2014)、谢雅萍等(2018)认为,国有背景或政府背景的风险投资对技术创新的影响与私营和外资背景的风险投资不同,国有风险投资通常具有政策导向性,企业价值最大化并不是唯一目标,而私营和外资风险投资往往追求财务回报最大化。

联合风险投资和独立风险投资对技术创新会产生不同影响,联合风险投资能够共担风险,共享资源,分享控制权,能够为创业企业提供更优质的增值服务(Brande et al.,2010)。如 Wright 等(2004)认为,与独立风险投资相比,联合风险投资更能够克服资源和管理能力缺乏这一弱点,促进企业技术创新能力提升。Bertoni 等(2010)和 Chemmanur(2014)认为,联合风险投资更注重长远目标,能够促进风险投资机构不同资源的整合和充分利用,投资风险更低,更具有创新性,促使创业企业产生更多的专利产出和更高质量的专利影响力;而独立风险投资往往在短期内追求财务收益最大化,更加重视增加其投资的财务回报。Alvarez & Dushnitsky(2013,2016)以 1990—2003 年成立的美国生物技术公司为样本,分析了独立风险投资和公司风险投资对企业创新产出的影响。研究发现,与独立的风险投资相比,公司风险投资介入的公司创新产出率更高。詹正华等(2016)认为,联合风险投资能够显著促进制造业企业的技术创新能力提升,但是持股比例过高会产生抑制作用。邹双和成力为(2017)认为,与单独风险投资相比,联合风险投资无论在短期还是长期均能显著地促进企业技术创新。而李胜楠等(2021)认为,联合风险投资抑制了企业的创新产出。丁健(2022)认为,风险投资在为科技创新企业提供投融资的同时,可促进其高质量创新,但对常规创新的影响不显著。

在企业成长的不同生命周期中,风险投资介入可能对企业技术创新的影响不同。对于种子期和初创期企业来说,人才匮乏,资金短缺,技术尚未成熟,市场前景不明朗,但是具有较大的技术创新潜力,风险投资介入能够提供资金支持、战略规划、资源整合等扶持,促进种子期和初创期企业技术创新能力的提升。而成长期企业具有成熟的产品和市场销售渠道,有自己的研发团队,具有较好的盈利能力,但是存在创业激情下降、管理水平偏低等问题,风险投资介入这种类型的企业,能够为企业提供管理和资源整合等增值服务,并且追求短期回报,对企业技术创新的影响往往有限。Inderst & Mueller(2009)、

Fleming（2015）、Sunny & Sun（2018）认为，在早期阶段进入企业的风险投资，对企业技术创新、盈利水平等均有显著的促进作用。Faria & Natália（2014）以17个欧盟国家的面板数据为样本，研究发现，在控制了风险投资与创新的潜在内生关系后，风险投资对后期阶段技术创新的促进作用更加明显。芦锋等（2015）认为，在技术创新阶段，与政府投入经费相比，风险投资更能够显著地促进专利授权数的增长。马嫣然（2018）、李九斤等（2018）以创业板上市公司为样本，研究了联合风险投资数量对技术创新的影响。研究显示，风险投资对企业技术创新能力有明显的提升作用，联合投资数量等特征会影响风险投资对企业技术创新促进作用的效果，且与企业技术创新提升效果成正比。

2.2.1.2 风险投资对技术创新有抑制作用

部分学者认为，风险投资对技术创新存在抑制作用，但是这种研究结论相对较少。如Zucker等（2000）研究发现，在控制了当地明星科学家数量变化的情况下，风险投资规模与生物科技公司的技术创新产出呈负相关关系，即风险投资对技术创新有抑制作用。Newbery（2001）认为，当公司处于垄断地位时，为了维持其垄断地位和阻止其他公司的竞争，会加大技术创新力度，而当风险投资介入后会抑制企业技术创新的产出。Tredennick & Shimamoto（2001）认为，风险投资介入后，会迫使企业调整战略方向，使得企业以产品销售为主，占有现有创新资源赚取短期利润，抑制企业创新能力的提升。Lahr & Mina（2015）研究发现风险投资对专利权的影响不显著或为负，风险资本投资者应该遵循专利信号向具有商业可行性的专门技术公司投资。邓俊荣和龙蓉蓉（2013）从国家层面分析了风险投资额与专利申请数之间的关系。研究发现，与大多数国内外研究结论相反，风险投资并未促进技术创新，且两者呈现负相关关系。徐明（2022）认为，政府风险投资不仅没有促进企业创新，反而对企业创新产生了显著的抑制效应。

部分学者研究发现不同特征的风险投资对技术创新存在负面影响。如杨建君和盛锁（2007）从风险规避的角度进行研究并发现，由于技术创新具有风险性，股权越集中，大股东承担的创新风险就越大，风险偏好较低的大股东不愿意对技术创新进行投资。并且，技术创新潜在的风险越大，大股东的投资意愿就越低。苟燕楠和董静（2014）研究了不同背景风险投资对技术创新的影响，认为政府背景风险投资、公司型风险投资和联合风险投资对企业技术创新投入存在抑制作用。冯照桢等（2017）研究了风险投资与技术创新的非线性关系，认为风险投资与技术创新之间存在门槛效应，当风险投资规模低于门槛值时，风险投资对技术创新的融资支持和增值服务作用非常有限，存在盘剥行为，会抑制企业的技术创新。郑磊和张伟科（2018）利用29个省级面板数据，实证检验了风险投资等科技金融对技术创新的影响。结果显示，风险投资与技术创新存在U形关系。当经济发展处于较低水平时，风险投资对技术创新存在负向影响；当经济发展处于较高水平时，风险投资等科技金融能够显著地促进区域技术创新。徐强和王婷（2018）以2001—2016年长三角地区上市公司数据为样本，分析了创业投资对技术创新的作用。研究发现，长三角地区的创业投资可以有效地抑制上市公司的技术创新，且在IPO后普遍存在经营业绩下降的情况。

2.2.1.3 风险投资对技术创新无显著影响

关于风险投资对技术创新无显著影响的文献相对较少，研究结论主要为某种特征风险投资对技术创新的影响不显著，并且这些文献主要集中于研究行业或者国家层面。如Timmons & Bygrave（1998）以美国1967—1982年的高科技企业为样本进行了研究。结果表明，风险投资中的"资本"是促进技术创新的最不重要的因素，风险投资对技术创新没有影响。Darby & Zucker（2005）认为，风险投资介入创业公司具有区域和行业选择性，倾向于介入劳动力素质较高和创新能力较强的公司，科学技术改变投资机会，但是与技术创新没有关系。Ueda & Hirukawa（2008）研究了风险投资介入对创新绩效（专利数量和全要素生产率）的影响，结果显示风险投资能够显著地促进专利申请量的增加，但是风险投资对全要素生产率的影响并不显著，即风险投资介入促进了专利申请，但是并没有提高创新效率。Wen等（2018）利用PSTR模型对2001—2014年我国28个省（区、市）的风险投资与技术创新之间的非线性关系进行了研究，认为当风险投资规模超过一定水平时风险投资才会促进技术创新，而低于门槛值时风险投资对技术创新的影响并不显著。

国内学者谈毅等（2009）以研发费用投入和研发人员占比衡量企业创新能力，研究发现风险投资介入并没有显著提高企业的研发费用投入和研发人员占比。陈见丽（2011）通过研究我国高新技术产业中风险投资对技术创新的影响，发现风险投资既不能为高新技术企业带来更多的技术创新资源，也不能促使企业的技术创新和效益增强。吴涛和赵增耀（2016）以2012—2014年创业板上市公司为样本，研究了风险投资对创业板上市公司技术创新绩效的提升作用。结果显示，风险投资对技术创新的影响存在局限性，即风险投资介入能够通过研发强度和运营能力的提高促进公司创新绩效，但是对发明专利数量没有显著影响。王婷（2016）认为，我国的风险投资对技术创新具有显著的资本增加效应，但未能有效地发挥创新效率提高效应。邹双和成力为（2017）研究发现风险投资在创业公司上市前第一年介入后，对创业企业的技术创新并不存在显著的促进作用。温军和冯根福（2018）从"增值服务"和"攫取行为"交互作用的视角分析了风险投资对企业创新的影响。结果表明，风险投资整体上降低了中小企业的创新水平；与低声誉风险投资相比，高声誉风险投资对企业专利申请的不利影响更小，对创新效率的提升作用更大。

2.2.1.4 风险投资与技术创新相互影响

根据前文的文献综述，风险投资对技术创新可能存在促进作用、抑制作用和没有显著影响，但是部分学者认为风险投资不仅影响技术创新，而且技术创新会吸引风险投资介入。Baum & Silverman（2004）以1991—2000年加拿大生物技术创业公司数据为样本，探讨了专利是否影响风险投资选择介入目标公司。实证结果显示，风险投资公司倾向于投资"技术赢家"类公司，反过来风险投资的介入会促进创业企业技术创新水平的提升。Engel & Keilbach（2007）认为，具有较高专利申请数量和管理层受过高等教育的公司更容易获得风险投资介入，而风险投资介入会促使创业企业专利申请量增加。Chemmanur（2011）认为，通过风险投资的筛选和监管，获得风险投资支持公司的全要素生产率高于未获得风险投资支持的公司，但是当公司获得风险投资支持后，其全要素生产率明显增加，说明风险投资与全要素生产率之间互为因果关系。Hsu & Ziedoni（2013）、Ni（2014）等认为风险投资可以影响创新但是作用有限，且风险投资可以引领技术创新。

国内部分学者也对风险投资与技术创新之间相互影响进行了研究。徐向阳等（2018）创新性地提出"风险资本专利信号敏感度"概念，并以1999—2016年我国A股上市公司为样本，分析了风险投资事件与微观企业层面专利数据之间的因果关系。研究发现，企业当期专利申请和授权数量与未来一期风险投资介入的可能性显著正相关（仅首轮投资有显著影响）。皇甫玉婷等（2018）研究了风险投资对企业创新的筛选效应和增值效应，区分了IPO前后增值效应的差异。结果发现，风险投资具有投前筛选效应，政府背景风险投资更加偏好投资高科技企业；风险投资的增值效应在IPO后和传统行业存在显著差异，说明风险投资能够提升企业创新能力。

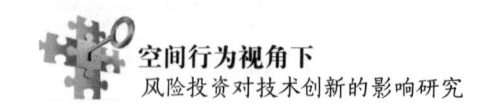

2.2.2 地理距离、风险投资与技术创新的研究

关于地理距离对风险投资介入企业的影响主要集中于以下几个方面：风险投资机构选择创业企业的地理距离邻近性偏好、地理邻近性的影响因素、地理邻近性影响风险投资对创业企业的作用过程。目前，关于风险投资机构偏好地理距离邻近性产生何种结果的文献，主要包括地理距离是否有利于风险投资机构提高创业企业的投资绩效，影响创业企业的控制权和现金流分配，影响区域经济不平衡发展。但是从地理距离视角研究风险投资对技术创新影响的文献非常少。

信息不对称问题随着地理距离的增加而增加（Ivkovic & Weisbenner，2005），风险投资资源等具有黏性，很难随着距离的变动而变动（Grilli et al，1994）。Lerne（1995）认为风险投资机构与创业公司之间的距离影响董事会投资决策的重要因素，且近距离投资的监督成本小于远距离投资。Martin 等（2005）研究发现风险投资存在明显的空间邻近效应，并且投资主要倾向于产业集群内投资，这些集群投资扩大了地区公平差距。Chen 等（2011）、Tian（2011）认为，风险投资机构具有本地偏好，当风险投资机构与创业企业之间的距离较近时，对目标公司进行尽调和筛选比较容易，空间邻近性有助于风险投资收集目标企业的知识，降低信息不对称程度。Fritsch & Schilder（2012）认为，风险投资机构与被投资公司之间的空间距离是风险投资机构采取联合投资策略的重要影响因素，随着距离增加，采取联合投资策略的可能性越大，联合风险投资机构的数量越多。Hoenen 等（2014）以美国逾 580 家生物技术公司数据为样本。研究发现，提交了专利申请的生物技术公司大大提高了他们第一轮融资所获得的资金水平，但是专利申请数量对第二轮融资期间筹集的风险投资额增加没有显著影响。Kolympiris 等（2018）研究了新兴生物技术公司专利活动和创始团队特征是否受到风险投资机构和创业公司之间地理距离的影响。研究发现，默会知识主要在当地圈子里流动，空间距离是影响风险投资机构是否投资的重要因素，专利创始团队和创业经验能够有效地弥补因地理距离增大所带来的信息不对称。Tian 等（2020）以中国上市公司为样本，研究了地理距离对风险投资与企业创新之间的关系。研究发现，地理距离与企业技术创新呈负相关关系，国有风险投资和私营风险投资对企业技术创新的影响更受地理距离的影响。

国内学者从地理距离视角对风险投资效应进行了研究。王曦和党兴华

(2014）基于中国风险投资业情境分析了风险投资机构本地偏好的影响因素。他们认为，风险企业聚集等因素对风险投资机构本地偏好具有显著影响，且本地偏好程度低的风险投资机构的退出绩效更高。李志萍等（2014）利用2010—2012年2 973件风险投资交易事件数据，研究了地理距离对投资成功的影响。研究发现，随着风险投资与被投资企业之间的空间距离增加，风险投资交易达成的可能性降低，且投资金额与地理距离呈倒U形关系。吴翠凤等（2014）以2009—2013年355家创业板上市公司为样本，对风险投资介入创业企业的偏好及其方式进行了研究。结果显示，当风险投资与创业企业的空间距离较近时，风险投资介入可能性更大，且风险投资单独投资的可能性更大。随着空间距离的增加，产业区域内的风险投资竞争更加激烈，风险投资跨区域进行投资变成一种常态（董静等，2017）。乔桂明等（2014）认为，随着风险投资与创业企业之间空间距离的增加，风险投资采用辛迪加模式的可能性更大，但是随着距离增加，对辛迪加模式的依赖性逐步降低。陈凯等（2016，2017）以1994—2014年信息技术企业为样本，研究了空间距离对风险投资金额的影响。结果显示，风险投资金额与空间距离呈正相关关系，但是边际效益随着空间距离的增加而减少。龙玉和李耀（2016）利用我国风险投资介入和退出事件数据进行研究，发现我国风险投资在中心城市（北京、上海、广州、深圳）的退出率最低，而其邻近省份的退出率高，究其原因是随着风险投资与创业企业空间距离的增加，其监督和交易成本增加，使得风险投资提高了较远距离的筛选标准。龙玉等（2017）认为，高铁通车能够改变风险投资与创业企业之间的空间距离，使得投资人与企业之间的信息不对称有所降低，能够吸引更多的风险投资介入创业企业，特别是初创期和扩张期风险投资增加更加明显。

2.2.3 空间溢出、风险投资与技术创新的研究

尽管国内外学者从不同角度对风险投资与技术创新问题进行了研究，但是现有文献主要在已有经济理论基础上分别研究了风险投资对技术创新的影响、风险投资的空间溢出效应、技术创新的空间溢出效应，而从空间溢出视角研究风险投资对技术创新影响的文献则较少。另外，现有研究很少考虑空间面板数据的空间依赖性和空间相关性。

国外学者Leinbach & Amrhein（1987）、Chen等（2010）认为风险投资存在空间聚集现象和空间邻近效应。Lutz等（2013）以1 182家风险投资和德国创业公司为样本，考察了密集经济中投资者与被投资人之间空间邻近性的重

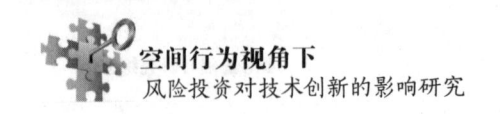

要性。结果表明，在基础设施密集的经济体，投资者与被投资人之间的空间接近性也会影响投资的可能性。Scherngell（2014）利用1988—2007年省级面板数据，采用SDM分析了知识资本对制造业全要素生产率的空间效应影响，结果表明，中国制造业的生产力增长正在向知识型增长转变，这种转变不仅基于区域内部的知识资本，而且基于区域间的知识溢出。Romão & Nijkamp（2017）利用空间计量模型，分析了传统生产要素（物质资本和人力资本）、生产力、专业化及其他与每个区域资本相关的背景变量对欧洲237个地区旅游绩效的影响。研究发现，在旅游服务劳动密集度较高的地区，生产力水平较低，而教育、创新和生产力水平较高的地区，旅游增加值对区域经济的重要性较低，并且以上因素对旅游绩效的影响存在空间溢出效应。

国内学者也从不同角度分析了风险投资对技术创新的影响及其空间溢出效应。张涵（2017）采用空间面板模型分析了28个欧盟国家风险投资对技术创新的影响及其溢出效应。结果显示，欧盟国家的技术创新产出具有显著的空间相关性；不同类型的投资对技术创新的影响不同，商业型R&D创新投资能够显著地促进区域技术创新；欧盟各个国家的技术创新具有显著的技术溢出效应，即邻近国家技术创新对本国创新产生具有负向溢出效应，而对邻近国家的技术创新产出具有显著的正向溢出作用。杜江等（2017）采用SDM模型分析了我国科技金融能否促进区域科技创新和各地区科技创新能力是否受其他地区科技金融发展水平的影响。研究发现，各地区科技创新能力在空间上并非随机分布，而是呈现出明显的空间相关性，科技金融发展能够显著地提升区域科技创新能力。睢博（2018）利用我国2002—2013年的省级面板数据，采用SDM模型实证分析了风险投资与区域创新的空间关系。研究发现，我国各地区风险投资对技术创新存在显著的空间效应影响，且不同省份的风险投资对技术创新的影响存在空间异质性，即东部地区空间溢出效应最显著，而中西部并不显著。姚丽（2018）认为，各地区风险投资之间存在显著的空间相关性和空间效应；本地风险投资水平除了能显著提升本地区技术创新水平，同时也对周边地区技术创新具有影响。从空间分布来看，我国东部与中西部发展差异较大，风险投资对区域技术创新水平的影响也存在显著差异。

2.3 文献述评

关于风险投资对技术创新的影响研究引起了国内外学者的关注，从风险投资与技术创新关系的影响因素、作用机理与表现形式等方面取得了一些研究成果。但是通过对相关文献的综述，发现仍然存在一些不足之处。

2.3.1 技术创新评价指标单一

现有研究对技术创新的界定大多数采用单一指标，如专利数量、全要素生产率、商标数量等，这与当前科技创新日益复杂化的现状不协调。另外，用专利和商标来衡量技术创新可能存在偏误，技术创新不仅包括专利和商标等产出，还包括管理创新、运营创新等很多方面，并且风险投资带来的技术创新与专利申请存在一定的时效差异（Ni et al, 2014；谢雅萍等，2018）。本书认为，技术创新是一个多维度概念，应该根据研究需要采用多维度指标进行评价，如在研究风险投资对企业层面技术创新影响时，应该不仅使用专利申请量和商标数量，还应该使用发明专利申请量、实用新型专利权申请量、外观设计专利申请量、专利授权量等多个指标进行分别评价；在研究行业层面风险投资对技术创新影响时，应该采用全要素生产率来衡量；而在国家或者区域层面上，应该从技术创新投入、技术创新产出、技术创新扩散和技术创新环境等多个方面进行综合评价。

2.3.2 风险投资对技术创新的作用机制研究有待深入

现有文献从不同角度分析了风险投资对技术创新的影响，包括风险投资背景、风险投资策略、风险投资阶段等多个方面。研究结论显示，风险投资对技术创新有正向、负向影响或者无影响，但是风险投资因不同传导机制对技术创新的影响不同。另外，风险投资对技术创新的影响机理暂不清楚，大多数文献在已有理论基础上提出假设，然后采用计量经济学的方法进行检验，但是尚未深入分析风险投资对技术创新的影响机理。还有，影响风险投资和技术创新的因素非常多，如前置变量、中介变量和调节变量等，现有文献很少将这些变量引入模型来分析风险投资对技术创新的影响。因此，应该在现有文献基础上，系统分析风险投资与技术创新的影响因素及其影响机理，拓展风险投资机构进行"本地偏好"的认识，如引入地理距离、高铁通车等因素来分析，只有不断深入剖析风险投资对技术创新的作用机理，才能丰富和完善风险投资与技术创新理论。

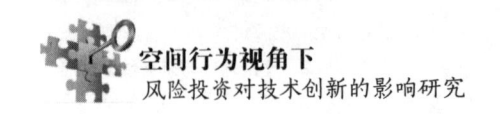

2.3.3 以企业层面研究为主，国家和地区层面的研究较少

现有文献关于风险投资对技术创新的研究主要以企业和行业层面为主，而对国家和地区层面的研究较少。并且，大多数仅仅考虑了风险投资对技术创新的影响，而忽略其他层面的影响和关联。有大量文献采用企业数据，从不同特征的风险投资出发，通过构建计量模型分析了对技术创新的影响，但是风险投资影响技术创新的关联因素是多元化的，引入其他因素分析风险投资对技术创新影响的文献少之又少，如风险投资与创业企业之间的空间距离、创业企业所在城市是否高铁通车等。如果仅仅考虑企业层面，可能会忽略风险投资的整体性影响，特别是我国区域发展不平衡，风险投资机构主要集中于北京、上海、广州和深圳等大城市，而中西部城市风险投资机构较少。因此，应该从不同层面出发，深入挖掘风险投资与技术创新的整体性。

2.3.4 忽略地理距离、高铁通车影响风险投资对技术创新的作用

现有文献主要研究了风险投资机构选择的地理邻近性、地理邻近性的影响因素、地理邻近性影响风险投资对创业企业的作用过程，以及高铁通车对风险投资战略选择的影响等，但是从地理邻近、高铁通车视角研究风险投资对创新影响的文献非常少。随着科学技术和高铁技术的快速发展，城市间的地理距离大大缩短，风险投资对技术创新的影响受地理距离、高铁通车等因素的影响。因此，从地理距离与高铁通车视角入手，研究风险投资对技术创新的影响具有重要意义。

2.3.5 忽略风险投资与技术创新的空间溢出效应

现有研究主要关注风险投资对技术创新的直接影响，而从空间溢出视角分析风险投资对区域技术创新影响的研究相对较少。风险投资与技术创新数据具有很强的空间关联性，任何事物在空间上都是关联的，距离越近，关联性越强 (Tobler，1970)。Anselin (1988) 指出，一个地区某种经济地理现象或某一属性与邻近地区同一经济地理现象或属性是相关的。因此，如果理论和实证研究忽略空间相关性，就会使得相关研究的结论缺乏解释力和说服力，也很难做出良好的决策，收到好的实施效果。

在现有文献基础上，本书采用多维度综合评价技术创新，创新性地把地理距离、高铁通车、空间溢出效应等因素纳入分析风险投资介入对技术创新的影响框架中，深入分析风险投资对技术创新的影响机制，从微观和宏观层面采用计量模型检验了其影响机理。

3 风险投资对技术创新的影响机制

3.1 风险投资对技术创新影响的理论模型分析

本书借鉴 Kortum & Lerner（2000）的技术创新生产函数，通过数理模型推导了风险投资对技术创新的影响机理。一般情况下，一个产业或者企业通过公司研究与开发（R&D）经费或者风险投资来追求创新。

第一，本书假定技术创新是风险投资和 R&D 经费投入的函数，其技术创新的生产函数为：

$$Inno_{it} = (R_{it}^{\theta} + \beta VC_{it}^{\theta})^{\frac{\alpha}{\theta}} \omega_{it} \tag{3-1}$$

其中，$Inno_{it}$ 为 i 产业（或企业）t 年的技术创新；R_{it} 为 i 产业（或企业）在 t 年的 R&D 经费投入；VC_{it} 为 i 产业（或企业）在 t 年的风险投资金额；ω_{it} 为 i 产业（或企业）在 t 年的创新机会对创新生产函数引起的外生冲击；β 为风险投资对技术创新的影响强度，$\beta > 0$ 时表示风险投资对技术创新有正向促进作用，$\beta < 0$ 时表示风险投资对技术创新存在负向影响，$\beta = 0$ 时风险投资对技术创新无影响；当 $0 < \alpha \leq \theta \leq 1$，$\theta$ 为风险投资与 R&D 经费投入的替代弹性，当 $\lim \theta = 0$ 时，式（3-1）变换为柯布－道格拉斯函数（C-D 函数），如式（3-2）所示：

$$Inno_{it} = R_{it}^{1/(1+\beta)} VC_{it}^{\beta/(1+\beta)} \omega_{it} \tag{3-2}$$

根据 Kortum、Lerner 的思路，$\beta > 0$ 且 $\lim \theta = 1$，则式（3-1）变换成式（3-3）：

$$Inno_{it} = (R_{it} + \beta VC_{it})^{\alpha} \omega_{it} \tag{3-3}$$

第二，假定技术创新以一定比例转换为专利产出，因此，式（3-3）变为式（3-4）：

$$P_{it} = (R_{it} + \beta VC_{it})^{\alpha} \omega_{it} \varepsilon_{it} \tag{3-4}$$

其中，P_{it} 为 i 产业（或企业）在 t 年的专利产出数量；ε_{it} 为决定专利创新倾向的独立冲击变量；$\omega_{it} \varepsilon_{it}$ 为技术创新机会外生和专利创新倾向的乘积，是一个未观测因素。

第三，假设一个给定时间段和产业的创新期望值为 Π_{it}，且用简单均衡方

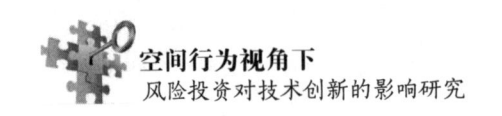

法计算总的期望值 Π，则总的创新期望值为：

$$\Pi = \Pi_{it}(R_{it} + \beta VC_{it})^{\alpha} \omega_{it} \varepsilon_{it} \qquad (3-5)$$

第四，假设创新的边际成本不仅包括研发直接支出，还包括间接支出。不同类型的创新项目，创新成本和创新难度均不同，比较擅长的创新项目适合 R&D 经费支持，对于并不擅长的项目则适合风险投资提供资金。假定在 R&D 经费投入和风险投资 VC 给定的情况下，风险投资管理其风险投资背景创新项目的边际成本为：

$$C_{vc} = \gamma_t f_{vc}(VC_{it}/\lambda_{it}(R_{it} + \beta VC_{it})) \qquad (3-6)$$

公司管理 R&D 经费支持项目的边际成本为：

$$C_R = f_R(VC_{it}/\lambda_{it}(R_{it} + \beta VC_{it})) \qquad (3-7)$$

其中，随着 $VC_{it}/\lambda_{it}(R_{it} + \beta VC_{it})$ 的变化，风险成本函数 f_{vc} 是单调递增，而 f_R 是单调递减的；λ 表示风险投资提供资金的激进程度，其值越大，表示创新项目风险较大，越适合风险投资进行投资；γ 表示风险投资的资金成本。

通过以上假设条件，企业 R&D 经费的投入和风险投资的边际成本等于边际收益，得出：

$$\Pi_{it}\frac{\partial Inno_{it}}{\partial VC_{it}} = \alpha\beta\Pi_{it}(R_{it} + \beta VC_{it})^{\alpha-1}\omega_{it}\varepsilon_{it}$$
$$= \gamma_t f_{vc}(VC_{it}/\lambda_{it}(R_{it} + \beta VC_{it})) \qquad (3-8)$$

$$\Pi_{it}\frac{\partial Inno_{it}}{\partial R_{it}} = \alpha\Pi_{it}(R_{it} + \beta VC_{it})^{\alpha-1}\omega_{it}\varepsilon_{it}$$
$$= f_R(VC_{it}/\lambda_{it}(R_{it} + \beta VC_{it})) \qquad (3-9)$$

其中，VC_{it} 和 R_{it} 不为 0。

当 $VC_{it} = 0$ 时：

$$\alpha\beta\Pi_{it}R_{it}^{\alpha-1}\omega_{it}\varepsilon_{it} \leqslant \gamma_t f_{vc}(0) \qquad (3-10)$$

其中，从式（3-9）可知：

$$R_{it} = \left(\frac{f_R(0)}{\alpha\Pi_{it}\omega_{it}\varepsilon_{it}}\right)^{\frac{1}{\alpha-1}} \qquad (3-11)$$

令 $x \equiv \alpha\Pi_{it}(R_{it} + \beta VC_{it})^{\alpha-1}\omega_{it}\varepsilon_{it}$，根据式（3-8）和式（3-9）可得：

$$h(x) \equiv \frac{\beta_{it}}{\gamma_t} = \left(\frac{1}{x}\right)f_{vc}(f_R^{-1}(x)) \qquad (3-12)$$

令 $g_1(\gamma_t) \equiv x = h^{-1}(\beta/\gamma)$，结合式（3-9），可得：

$$\frac{VC_{it}}{R_{it} + \beta VC_{it}} = \lambda_{it}f_R^{-1}(g_1(\gamma_t)) \equiv \lambda_{it}g_2(\gamma_t) \qquad (3-13)$$

其中，$g_1(\gamma_t)$ 和 $g_2(\gamma_t)$ 分别是增函数和减函数。

通过以上公式可以计算出：

$$R_{it} + \beta VC_{it} = \left(\frac{g_1(\gamma_t)}{\alpha \Pi_{it} \omega_{it} \varepsilon_{it}}\right)^{\frac{1}{\alpha-1}} \quad (3-14)$$

$$\frac{VC_{it}}{R_{it}} = \lambda_{it} \left(\frac{g_2(\gamma_t)}{1 - \beta \lambda_{it} g_2(\gamma_t)}\right)^{\frac{1}{\alpha-1}} \quad (3-15)$$

通过式（3-14）可知，总的创新产出能够降低风险投资成本 γ，但会受到创新价值或创新项目机会正向冲击。从式（3-15）可知，相对于企业 R&D 经费的投入，风险投资与创新机会的激进程度 λ 正相关，与风险投资的资金成本 γ 负相关。ε 的增加不仅促进风险投资和 R&D 经费的投入，而且会促进专利数量等创新产出的增加。另外，两个冲击变量 λ 和 ε 存在相关性，即创新机会往往与技术的根本性转变有关。

结合上文的推导，对式（3-4）两边取对数后，可以变换为：

$$\begin{aligned} \ln P_{it} &= \alpha \ln(R_{it} + \beta VC_{it}) + \ln \omega_{it} + \ln \varepsilon_{it} \\ &= \alpha \ln\left[R_{it}\left(1 + \beta \frac{VC_{it}}{R_{it}}\right)\right] + \ln \omega_{it} + \ln \varepsilon_{it} \\ &= \alpha \ln R_{it} + \alpha \ln\left(1 + \beta \frac{VC_{it}}{R_{it}}\right) + \ln \omega_{it} + \ln \varepsilon_{it} \quad (3-16) \end{aligned}$$

当 $\beta \frac{VC_{it}}{R_{it}}$ 较小时，式（3-16）可转化为：

$$\ln P_{it} = \alpha \ln R_{it} + \alpha \beta \frac{VC_{it}}{R_{it}} + \ln \omega_{it} + \ln \varepsilon_{it} \quad (3-17)$$

从式（3-17）可以看出，风险投资与技术创新产出（专利申请量）呈正相关关系。

3.2 风险投资对技术创新的影响因素

风险投资与技术创新的关系存在显著差异，如风险投资促进或者抑制技术创新，风险投资对技术创新无影响，技术创新吸引风险投资等。因此，要深入分析风险投资对技术创新的影响机理，必须明确风险投资对技术创新的影响因素，这些因素主要包括前置变量（Cumming et al, 2010；谢雅萍、宋超俐，2017）、中介变量（董静等，2017；权小锋、徐星美，2017；Rin & Penas，2015）、调节变量（Bogliacino & Lucchese，2011；冯冰等，2016；郭玥，2018；徐海龙、王宏伟，2018）。风险投资对技术创新的影响因素如图 3-1

所示。

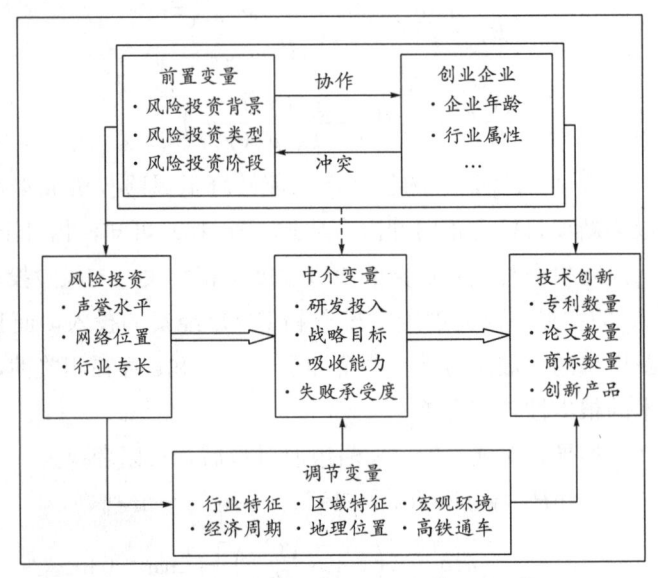

图 3-1　风险投资对技术创新的影响因素

3.2.1　前置变量

前置变量是指风险投资特征对技术创新的影响。风险投资特征主要包括风险投资背景（国有背景、私营背景、外资背景）、风险投资类型（独立风险投资、联合风险投资）、风险投资阶段（种子期、初创期、成长期、成熟期）。不同背景的风险投资具有不同的目标追求，对技术创新的影响也不同。如国有背景或政府背景的风险投资对技术创新的影响与私营和外资背景的风险投资不同（苟燕楠、董静，2013；谢雅萍、宋超俐，2017），国有风险投资通常具有政策导向，企业价值最大化并不是唯一目标，而私营和外资风险投资往往追求财务回报最大化（Bertoni & Tykvová，2015）。不同类型的风险投资对技术创新的影响也不同，如独立风险投资往往在短期内追求财务收益最大化，增加其投资的财务回报，而联合风险投资则更注重长远目标，能够发挥风险投资机构不同资源的整合利用，投资风险更低，更具有创新性，促使创业企业产生更多的专利和更高质量的专利影响力（Bertoni et al，2010；Chemmanur et al，2014）。风险投资阶段也是影响技术创新的重要因素，对于种子期和初创期企业来说，人才匮乏，资金短缺，技术尚未成熟，市场前景不明朗，但是具有较大的技术创新潜力，风险投资介入能够提供资金支持、战略规划、资源整合等，促进种子期和初创期企业的技术创新。对于成长期或成熟期企业来说，具有成熟的产品和市场销售渠道，有自己的研发团队，具有较好的盈利能力，但是创业激情下降、管理水平偏低等，风险投资介入这种类型的企业，能够为企业提供管理和资源整合的增值服务，并且具有追求短期回报的目标，对企业技术创新的影响往往有限。

3.2.2 中介变量

中介变量是指风险投资对技术创新作用过程中受到影响的相关因素，主要包括研发投入（He & Wintoki，2016；殷宝庆等，2018）、战略目标（Chemmanur et al，2014；谢雅萍和宋超俐，2016）、吸收能力（陈治和张所地，2013；Dessi & Yin，2015）、失败承受度（Azoulay et al，2011）。

风险投资介入在一定程度上会影响企业的研发投入。胡永平（2018）认为，与创业后期企业相比，风险投资对创业早期企业技术研发支出存在显著的正向影响，并且呈增长态势。李平和刘利利（2017）认为，研发投入是影响创新绩效的重要因素，会推动企业技术创新能力的提升。吸收能力也是风险投资影响技术创新的中介变量之一。龙勇和时萍萍（2012）认为，风险投资的介入会增强高新技术企业对知识静态和动态的吸收能力，进而影响高新技术企业的技术创新效应，增加企业技术创新绩效，降低技术创新风险。陈治和张所地（2013）、Antonio & William（2015）探讨了区域创新系统和吸收能力对创新绩效的重要性，认为可以通过企业吸收能力提高创新绩效。Lee & Kang（2015）利用20年5个高新产业的面板数据，探讨了公司型风险投资对技术多样性的影响。结果发现企业的吸收能力正向调节了公司型风险投资对技术多样性的影响。

风险投资对企业战略目标也会产生影响，通过对企业战略目标的调整来影响企业技术创新。如Rin & Penas（2015）认为，风险投资介入能够促进企业战略目标的调整，向自主研发等方向转移，通过战略目标的调整能够影响企业技术创新能力。Chemmanur等（2011）认为，与独立性风险投资相比，企业风险投资与被投资企业之间具有战略协调性，这些企业更具创新性。谢雅萍和宋超俐（2016）认为，风险投资能够通过战略方向的调整来影响企业技术创新水平。失败承受度也是风险投资影响技术创新的重要中介变量。Azoulay等（2010）最早提出失败承受度能够提高创新能力。之后其他学者也进一步进行了研究，Wang & Chen（2013）认为，得到较高失败承受度风险投资支持的

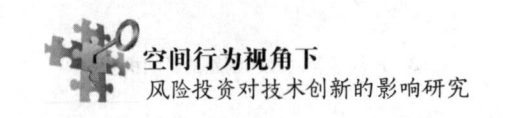

企业具有更高的技术创新能力，并且与个人风险投资相比，公司型风险投资支持的企业具有更高的失败承受度和创新能力。

3.2.3 调节变量

调节变量主要包括行业特征、区域特征、宏观环境、经济周期等多个方面。行业特征变量对技术创新的影响主要是指风险投资介入不同行业对技术创新的影响不同，特别是在高新技术产业、制造业等领域的技术创新存在明显的差异，行业类型的不同可能是风险投资影响技术创新的调节变量。如Hirukawa & Ueda（2008）认为，在不同行业，风险投资对技术创新的影响不同，特别是在科学设备行业。李萌和包瑞（2016）认为，风险投资对不同行业的影响不同，特别是对于战略性新兴产业具有举足轻重的作用。

区域特征在经济发展水平、地理位置的远近等方面存在显著差异，而这些差异也是影响风险投资与技术创新关系的重要因素。地区差异可能影响风险投资的战略布局和收益成本，进而影响被投资企业的创新能力。部分学者从不同角度研究了区域特征对风险投资与技术创新的关系。如冯照桢等（2016）认为，风险投资与技术创新之间存在门槛效应，风险投资对技术创新的影响因地区风险投资规模的不同而存在显著差异。崔毅等（2011）分析了我国省（区、市）的风险投资地域集聚现象，发现我国风险投资在部分地区存在明显的空间集聚现象，且不同的环境对风险投资驱动的影响不同。姚丽（2018）利用省级面板数据分析了不同区域风险投资水平对于技术创新的空间影响效应。结果表明地区风险投资之间存在显著的空间相关性和空间效应，本地区风险投资水平除了能显著提升本地区技术创新水平，同时也对周边地区技术创新具有影响。睢博（2018）研究发现，不同地区的风险投资对区域创新的影响存在空间上的异质性。

宏观环境也是风险投资影响技术创新的调节变量之一。企业经营离不开所处的宏观环境，不同的宏观环境对企业创新的影响不同。如，Popov & Roosenboom（2012）采用21个欧洲国家和10个制造业数据，分析了风险投资对专利发明的影响。研究发现，在高风险国家风险投资对专利发明有显著的影响，而在低风险国家并不显著；另外，在创业壁垒较低、税收和监管环境欢迎风险投资，以及资本收益税较低的国家，风险投资在促进创新方面相对更成功。Sargon & Salih（2018）利用欧盟国家面板数据研究发现，在没有选择退出的国家（英国和丹麦），风险投资对创新有显著的积极影响；而在选择退出的国家，风险投资对创新产生消极影响。

不同的经济发展周期会影响风险投资的繁荣与衰退，进而影响技术创新活动。在经济繁荣时期，风险投资供给规模大于需求，可以将主要资金投入研发中，而在经济衰退时期，风险投资金额供给小于需求，有限的资金投入研发中较少，因此经济发展周期也是风险投资影响技术创新的调节变量（Stuck & Weingarten，2005）。苗文龙等（2018）认为，不同周期对技术创新的影响存在明显的差别，在繁荣阶段，风险投资等金融市场对各行业技术投入有显著的促进作用，特别是高密度创新行业；而在紧缩阶段，金融市场对高密度创新行业技术投入的紧缩效应更为强烈。

3.3　风险投资对技术创新的作用过程

第 2 章和第 3 章 3.1、3.2 节从理论上分析了风险投资与技术创新之间的关系，国内外学者从不同视角进行了探讨，分析了风险投资对技术创新的影响及其影响因素。既然风险投资对技术创新具有重要影响，那么，风险投资通过何种机制影响技术创新？现有文献依然未进行深入分析，大多数文献把其影响机理和路径置于理论分析和研究假设中。本书基于前文的理论分析，从直接作用、间接作用和空间效应三个方面分析风险投资对技术创新的作用过程。

3.3.1　风险投资对技术创新的直接作用过程

风险投资主要是专业投资者向初创企业提供资金支持并取得该公司股份的一种融资方式。风险投资公司作为专业的投资公司，通常情况下具有丰富的专业知识和投资经验。风险投资对技术创新的直接作用过程主要包括融资支持、增值服务和监督管理三个途径，如图 3-2 所示。

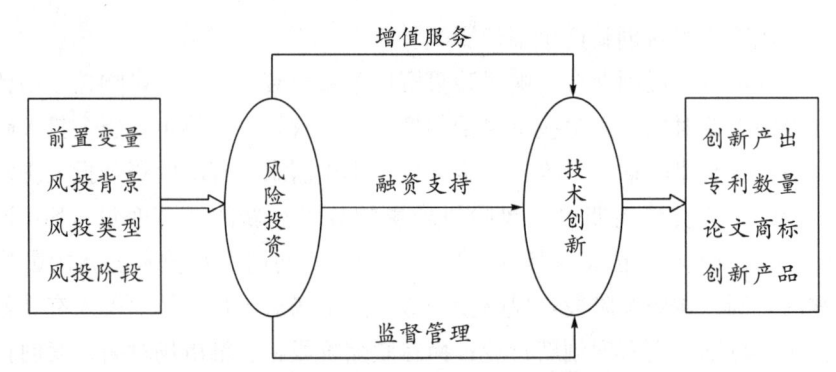

图 3-2 风险投资对技术创新的直接作用过程

3.3.1.1 融资支持机制

对于创业企业来说，特别是中小企业，其自身轻资产、高风险、不确定性大等异质性特征，导致其种子期、初创期、成长期各阶段缺乏传统债权融资模式下所需的足值抵押物，普遍存在融资难、融资贵等问题。在技术创新的早期，企业需要投入大量的资金进行研发，但是与经营资金相比，技术创新具有高风险、高回报、资金回收期长、资金需求量大等特性，需要从外部获取大量资金支持其研究开发、专利申请等技术创新活动。现阶段我国金融市场发展相对不成熟，企业的融资渠道主要是银行等传统融资方式，但是银行贷款存在资金供给问题，贷款时需要企业拥有较好的信用评级或者抵押资产，特别是中小企业普遍存在轻资产问题，很难满足银行贷款的要求（张志敏、俞成森，2018）。另外，企业技术创新活动是否成功存在较大的不确定性，银行贷款等传统融资方式只能提供有限资金，解决资金风险共担问题，但是不能提供"资源"保证（Croce et al，2013；谢雅萍、宋超俐，2017）。

风险投资作为一种特殊的权益融资渠道，是由专业投资者向具有发展潜力的新兴企业提供资金支持，促进企业快速发展和成长，实现其资本收益最大化。风险投资是专门从事高风险、高收益的权益资本，能够为资金需求量大、风险高和具有潜在收益的创新企业提供远大于银行贷款的资金量，且风险投资为企业进行融资时主要依据企业未来的发展前景进行判断而非企业固定资产。另外，风险投资是一种权益类投资，投资期限较长，并且能够根据企业技术创新生命周期的不同阶段追加投资，这是银行等传统融资方式无法满足的。

风险投资通过融资支持对技术创新的影响机理如图 3-2 所示。风险投资通过提供资金，支持创业企业的研发、专利申请等技术创新和项目开发活动，推动企业专利数量、论文商标、新产品等技术创新水平的提高。风险投资的特征包括风险投资背景、风险投资类型和风险投资阶段，不同风险投资特征通过融资支持对技术创新的影响可能存在不同。如不同背景的风险投资对技术创新的影响不同，国有背景的风险投资一般具有政策导向性，具有更强的发明取向和更长的投资时间，能够把主要资金投向研发等技术创新活动中；而大多数私营风险投资和外资风险投资仅仅考虑短期回报，并不会把主要资金优先投向于周期较长的研发等创新活动。不同投资类型的风险投资对企业技术创新的影响也不同，如独立风险投资往往抵抗风险能力低，追求短期收益最大化；而联合风险投资往往具有较强的风险抵抗能力，追求战略目标和长远收益，能够更好地为创业企业提供资金支持。风险投资阶段对技术创新的影响也不同，在创业企业成立的早期阶段，创业企业研发技术尚未成熟，需要大量的资金投入研发中，具有高风险和高收益特性；而在中后期阶段，风险投资对创业企业提供资金支持，往往具有风险低和较好的短期回报等特征，但是这个阶段的技术已经成熟，难以在技术创新方面实现突破性创新。

3.3.1.2 增值服务机制

根据企业持续竞争优势理论，企业持续竞争优势来源于企业拥有不可流动和异质性的资源、知识和能力，这些资源、知识和能力具有特有价值、不可替代性、不可仿制性和稀缺性（Barney，1991；董静、汪立，2017；吴应宇、路云，2003）。对于创业企业来说，尤其是初创期的中小型企业，虽然在某些领域具有先天性技术优势，但是缺乏持续竞争的优势，如完善的组织结构、产品市场认可度、经济资本和社会资源等，这些不利条件可能影响创新企业的技术创新。风险投资拥有丰富的专业特长、行业经验、经济资本和社会资源，风险投资介入能够为企业提供增值服务，从而影响企业的战略选择和技术创新能力。

风险投资通过增值服务机制对技术创新的影响主要包括以下几种方式：一是战略定位和发展模式确定。风险投资机构拥有丰富的投资经验，对行业发展前景有深入的研究和预判，通过对创业企业的战略规划进行定位，制定合适的发展模式，为创业企业提供先进的技术、产品和服务（Devigne et al, 2013；谢雅萍等，2018）。二是资源要素的优化配置。企业技术创新的提升要经历一个漫长过程，仅仅依靠风险投资介入带来的资源很难实现。在充分利用风险投资带来资源的过程中，作为技术创新主体的企业，必须借助风险投资的资源和经验，如广泛的企业人脉和社会关系、业内俱乐部人脉和银行关系等，优化资源配置，使风险投资效用最大化，以此推动企业技术创新水平的提升。三是优

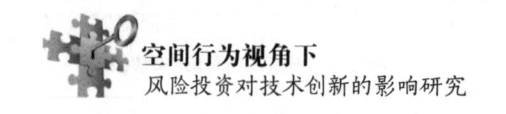

化业务结构和资金流向。风险投资介入后，创业企业应该根据战略规划，优化业务结构和资金流向，特别是研发资金的优化配置，支持核心技术创新的研究和专利申请等，推动企业创新绩效的提升。

3.3.1.3 监督管理机制

风险投资能够通过筛选、监督、管理、指导和认证等方式促进企业技术创新水平的提升。风险投资介入创业企业后便形成一种委托代理关系，由于信息不对称问题，风险投资和创业企业之间可能产生逆向选择和道德风险，即企业管理者可能利用信息优势做出有利于自己的决策，而阻碍企业技术创新和成长，损害风险投资者的利益。基于风险投资与企业技术创新之间的信息不对称问题，风险投资能够利用筛选、监督、管理等方式，在一定程度上有效地减少信息不对称问题引起的道德风险和逆向选择（丁川、陈璐，2016；Rosenbusch，2013；薛力、郭菊娥，2018）。

风险投资通过监督管理机制对创业企业技术创新的影响主要包括以下几个方面。一是投资前的筛选。风险投资介入前，通过商业计划书、尽职调查等方式，根据自己的特长和专业优势筛选出具有发展前景和创新潜质的创业企业，为创业企业技术创新提供基础条件（Rosenbusch，2013）。对于技术创新潜质的项目筛选，风险投资机构可以按照预先指定的评价标准，如创业企业所在行业、创业企业所处阶段、创业企业技术壁垒、创业企业技术前景等。二是参与公司治理。风险投资介入后，除了通过双方签订的合同条款和金融工具（融资方式）等方式进行监督，还可以通过进入创业企业董事会、派驻高级管理人员等方式对创业企业进行监督、管理和指导，借由董事会和高级管理人员参与创业企业战略决策和运营管理，加强对高级管理人员的监督（李云鹤，2014；詹正华等，2016；赵琳、谢永珍，2013）。三是战略执行的监督。风险投资介入创业企业后，双方会根据实际情况制定适合创业企业发展的战略规划，包括技术创新研发等规划，风险投资应该制订计划对创业企业技术创新等战略实施情况进行定期监督和评估，监督创业企业按照战略目标实施技术创新，并且支持企业申请专利和商标。

通过以上三个方面的筛选、监督、管理、认证等，充分利用风险投资的专业化指导，促进公司优化技术创新领域的资源配置，一定程度上能够促进创业企业技术创新能力的提升。

3.3.2 风险投资对技术创新的间接作用过程

风险投资对技术创新影响的间接作用过程如图 3-3 所示。

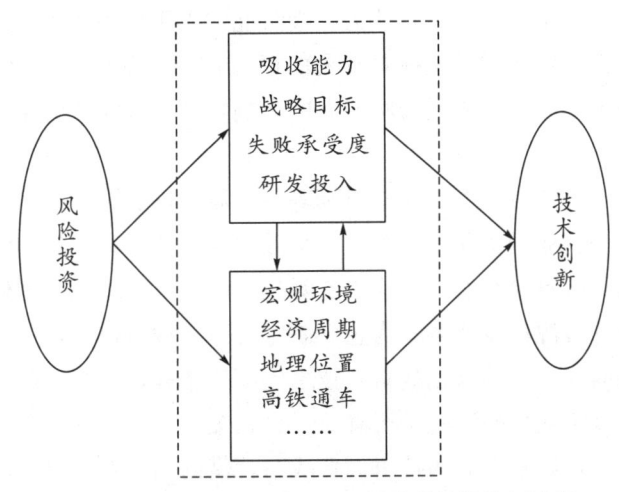

图 3-3 风险投资对技术创新影响的间接作用过程

3.3.2.1 吸收能力、研发投入等内部机制间接影响技术创新

风险投资通过内部机制影响技术创新主要包括两种方式：一是风险投资通过研发投入（蔡地等，2015）、吸收能力（陈治、张所地，2013；Rin & Penas，2015）等中介效应影响技术创新产出，二是风险投资通过战略目标（李占强、李广，2013）、失败承受度（Chemmanur et al，2014）等中介变量影响技术创新水平。

R&D 投入是影响技术创新的重要因素，风险投资介入能够通过研发投入影响企业技术创新的产出。R&D 是企业技术创新的推动力，相关研究证明，研发投入增加能够显著地促进企业创新绩效的提升（Un & Rodríguez，2017；Vancauteren，2018），创新企业可以通过 R&D 进行新产品开发，进而获取超额利润。风险投资介入后，给创业企业带来资金支持，增加创业企业的研发投入，加快企业技术创新产品和成果的研发速度（陈伟，2013）。

吸收能力也是风险投资影响企业技术创新的中介变量之一。吸收能力是指企业认识其价值并吸收和应用于商业终端的能力。风险投资的介入，能够帮助企业提高内外部资源的吸收能力，通过吸收能力的提高，促进企业吸收企业风险投资带来的各种技术经验和管理知识，促进创业企业技术创新产出的增加。

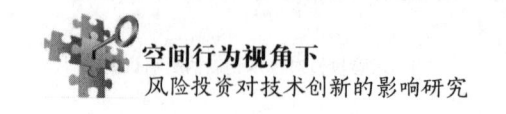

龙勇等（2011）认为，风险投资不仅能够为创业企业提供资金支持，而且通过其他方式为创业企业提供非资本增值服务。另外，引入了吸收能力作为中介变量，发现风险投资对技术创新的作用受吸收能力的影响。龙勇和刘誉豪（2013）以吸收能力为中介变量，研究风险投资的介入对高新技术企业技术创新效应的影响。路娟等（2017）认为，吸收能力源于认知能力与消化能力两个典型维度，对创新绩效增长发挥着重要的调节作用。刘娥平等（2018）认为，风险投资对技术创新的影响受吸收能力的影响，并且吸收能力在技术溢出中发挥重要作用。

除此之外，失败承受度、战略目标等也是风险投资影响技术创新的中介变量。战略目标是企业为了获取持续的高绩效而奉行的一种战略方向，对企业技术创新等产出具有重要影响，风险投资对技术创新的影响也不例外。风险投资能够利用自身的资源和专业经验为企业制定合适的战略目标，如战略伙伴的选择、战略联盟的加入、国家化战略、技术创新战略等，一个企业技术创新是否成功，往往与该企业战略实施是否有效息息相关。风险投资的介入，能够为企业提供战略资源，影响企业的技术创新战略，借助内外部资源，在一定程度上提高企业技术创新产出的数量和质量。相关学者对此进行了研究，如董静和汪立（2017）、谢雅萍等（2018）以战略导向作为中介变量，从资源基础观出发，研究了风险投资对技术创新的影响，发现战略导向在风险投资与创业绩效之间发挥部分中介作用，通过战略导向这一中介作用影响技术创新。失败承受度也会影响风险投资对技术创新的作用效果，Azoulay等（2011）最早提出失败承受度能够提高创新能力，失败承受度高的风险投资更加注重企业技术创新方面的资金投入，会促使企业产生更多的创新成果。Chemmanur等（2014）认为，具有较高失败承受度的风险投资支持企业具有更高的技术创新能力，并且与个人风险投资相比，公司型风险投资支持的企业具有更高的失败承受度和创新能力。

3.3.2.2 宏观环境、经济周期等外部因素对技术创新的影响

宏观环境包括政治、经济、社会、技术等多个方面，宏观环境的变化对风险投资和创业企业技术创新会产生显著的影响。宏观经济政策的不确定性是影响风险投资对企业技术创新作用过程的重要因素。宏观经济政策不确定性对我国企业技术创新有何影响是一个亟待解答的理论问题。宏观经济政策不确定，甚至波动性增大，会加剧银行信贷风险和风险投资的资金风险，使创业企业面临较大的融资约束，在一定程度上会约束创业企业的技术创新投入，进而影响

技术创新产出数量和速度。区域经济发展不平衡也是影响技术创新的重要因素，相对于东部沿海地区，中西部地区受宏观环境变化的影响更大，风险投资对技术创新的抑制作用更强。

经济周期通常是指经济体随着经济发展的总体趋势所经历的有规律扩张或者收缩，分为繁荣、衰退、萧条和复苏四个阶段。在不同阶段的经济周期中，风险投资对企业技术创新的影响不同。在经济繁荣时期，风险投资规模超过市场需求时，风险投资可以将大量的资金投向技术创新研发中；相反，在经济衰退期，经济环境不景气会增大风险投资的投资风险，直接影响风险投资规模，资金供给小于市场需求，投向技术研发中的资金会大幅度减少，不利于企业进行研发投入和技术创新产出的增加（李宏贵等，2017；Stuck & Weingarten，2005；Wadhwa et al，2016）。风险投资也存在周期性，并且受经济周期的影响，在不同的风险投资周期中，风险投资对技术创新的影响不同，在风险投资的繁荣期，更能够促进技术创新产出的数量和速度（单玉青、买忆嫒，2006）。

3.3.3 风险投资空间演化及其空间溢出效应

风险投资对技术创新的影响除了直接作用和间接作用，还存在空间溢出效应。事实上，各个地区并不是相互独立的，而某地区某种现象与相邻地区间同一现象息息相关（Anselin，1988；Tobler，1970）。换句话说，各个地区之间的技术创新与风险投资存在相互影响，即空间效应。因此，如果在研究中未考虑空间效应，可能影响研究结果的解释力。

3.3.3.1 风险投资的空间演化内在机制

最初对于风险投资空间行为的研究主要涉及风险投资的区位理论、风险投资的运行机制、社会网络关系等空间行为。如 Florida & Kenney（1988）认为风险投资具有空间区位特征，主要聚集于高科技产业中心和金融中心等大城市，通过空间网络结构获取投资机会。Martin & Berndt（2005）发现风险投资具有空间集聚现象，受管理运营能力的限制，英国和德国风险投资机构主要分布在发达城市，风险投资行为具有地理位置邻近性。Lutz 等（2011）认为风险投资金额、投资收益等与空间分布息息相关，风险投资倾向于投资邻近企业，以便减少监督管理成本和投资风险。国内学者也研究风险投资空间行为特征机制。如杨青和彭金鑫（2011）以生态共生理论为基础，提出了创业风险投资和高技术产业的共生模式。他们认为我国风险投资存在空间聚集特征，风险投资与创业企业之间的空间分布具有联动效应。袁新敏（2012）认为，风险投资是推动技术创新和科技革命的重要条件，在其筹资、投资、管理和退出过程中都具有显著的空间规律。龙玉和李耀（2016）利用我国风险投资介入和退出事件数据，研究发现我国风险投资在中心城市（北京、上海、广州、深圳）的退出率最低，而其邻近省份的退出率最高。究其原因是随着风险投资与创业企业空间距离的增加，其监督和交易成本增加，使得风险投资提高了较远距离企业的筛选标准。方嘉雯和刘海猛（2017）利用社会网络分析方法分析了京津冀城市群创业风险投资的时空分布特征。他们认为，创业风险投资具有时空分布的不均衡性，对周边城市具有一定的带动作用，创业风险投资在城市间的流动具有很强的向心性。当然，部分学者认为风险投资的空间聚集可能受高铁通车、社会关系网络、联合投资等因素的影响，为了规避风险可能选择投资分散化。如，Sorenson & Stuart（2001）认为，联合风险投资能够打破风险投资的空间局部特征，能够减少投资风险和投资成本。Jaaskelainen & Maula（2014）认为，金融中介机构的直接和间接网络联系能够减轻距离和偏好对本地投资的影响。网络距离影响中介信息的可达性和质量，有助于识别投资机会。

3.3.3.2 风险投资空间行为的驱动因素

风险投资的空间行为受各种因素的影响，如经济因素、科技因素、宏观政策、交通设施、社会文化等（Elisabete et al，2013）。风险投资和创业企业离不开宏观环境的影响，反过来风险投资空间行为受宏观经济因素的影响，二者之间相互影响。多数研究成果显示宏观经济环境能够影响企业创新和风险投资行为，如马光荣等（2014）认为，企业创新是生产率提升和长期经济增长最重要的源泉，但企业研发需要长期持续不断的资金支持，而宏观经济环境能够影响企业研发资金投入。钟凯等（2017）认为，宏观经济环境能够通过融资渠道影响企业创新，如财政补贴能够为企业创新提供资金支持，税收政策能够激发企业创新活力，金融政策能够减少企业经营成本。如白俊红（2011）与肖文、林高榜（2014）发现财政补贴能够为企业提供资金支持，促进企业创新能力的提升。随着企业所得税税收优惠、营改增等税收政策的改革，宏观经济环境因素对风险投资和创业企业技术创新存在显著的影响。

金融发展能够通过缓解融资约束促进企业创新。随着我国经济"新常态"的推进，降低融资约束，对于提高我国产业结构调整，提供科技创新能力，优化产业结构等具有重要影响。随着金融监管的放松，风险投资对于促进企业技术创新具有重要作用（Chemmanur & Fulghieri，2014）。如 Bernstein（2015）认为，风险投资为企业创新活动提供融资支持，能够通过治理机制降低创新企业的代理风险。近年来，随着我国金融政策的放松，各种风险投资的涌现，为我国创业企业研发提供了资金支持，提高了企业创新效率。

交通设施和科技创新也是影响风险投资空间行为的重要因素。如随着高铁技术的快速发展，时空距离大幅度缩短，高铁发展战略大大促进了社会经济发展（Donaldson & Hornbeck，2016）。高铁通车缩短了风险投资与创业企业之间的时空距离，方便风险投资机构随时前往创业企业进行实地调研，与企业家进行面对面交谈，解决风险投资与创业企业之间的信息不对称问题。龙玉等（2017）认为，高铁通车后，风险投资对高铁城市的新增投资显著增加，高铁扩展了 VC 中心城市的投资辐射范围。而且高铁通车后，由于投资人和创业者之间的信息不对称有所降低，信息敏感性较高的初创期和扩张期的风险投资明显增加。同时，高铁带来的空间压缩、时间节约、可达性提高，使得高铁城市吸引了更多的风险投资，有利于地方经济转型和推动创新。

3.3.3.3 风险投资对技术创新的空间溢出效应

风险投资的空间行为是影响技术创新的重要因素。风险投资对技术创新除了产生直接或者间接影响，还存在空间溢出效应。各个地区产业之间联系紧密，相互影响，某地区的风险投资活动能够影响地区之间的资源要素流动，带动本地区和周边地区企业生产要素的投入，影响企业创新水平，即一个地区的风险投资活动不仅影响本地区技术创新行为，还会影响周边地区技术创新活动（姚丽，2018）。Kang & Nanda（2014）研究了企业风险投资为企业投资者带来的技术溢出效应和资本收益。他们认为，公司型风险投资带来的技术进步提高了企业投资者的价值，其技术溢出效应就会增强。高波（2003）认为风险投资活动具有空间溢出效应。风险投资溢出效应的实现路径主要有四个方面：知识创新、技术扩散、组织成长和制度变迁、人力资本积累。姚丽和郭永济（2017）认为，我国风险投资与技术创新存在明显的空间相关性和集聚特征，不同区域风险投资水平对技术创新存在空间影响效应，即本地风险投资水平除了能显著提升本地区域技术创新水平，同时也对周边地区技术创新具有影响。

3.4 地理距离、风险投资与技术创新的内在机理

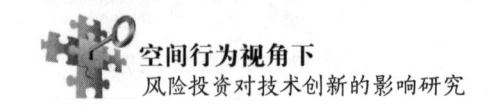

地理距离是指风险投资机构与创业企业之间的空间距离，是风险投资影响企业技术创新的重要外生变量之一。我国的风险投资机构主要集中于北京、上海、深圳、广州等发达城市，而欠发达地区风险投资机构较少，风险投资机构与创业企业之间的空间距离远近势必会影响创业企业的技术创新水平。地理距离、风险投资与技术创新的内在机理如图3-4所示。

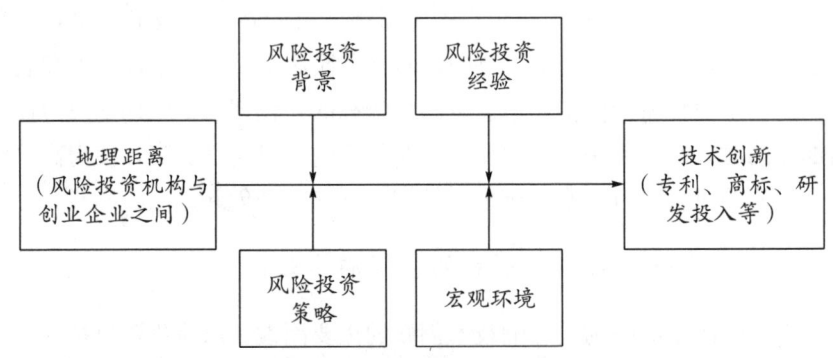

图3-4 地理距离、风险投资与技术创新的内在机理

3.4.1 风险投资对技术创新作用受地理距离的影响

基于委托代理理论，风险投资与创业企业之间形成委托代理关系，双方之间的信息不对称和利益冲突会产生道德风险和逆向选择等问题。为了减少投资风险，风险投资机构必须对创业企业进行有效的监督、管理、指导和沟通，参与企业的经营管理决策。地理距离的远近会影响风险投资对创新企业的监管管理的效率，随着风险投资与创业企业之间的地理距离增加，对创业企业监督管理能力会减弱，风险投资的风险会增加，风险投资机构可能会选择空间距离较近的创业企业进行投资，而空间距离较远的创业企业获得风险投资的机会减少。从交易成本来讲，风险投资成本主要包括投资前的筛选成本和谈判成本，以及投资后的监督管理成本。随着风险投资机构与创业企业之间地理距离的增加，风险投资的交易成本相应增加，会降低企业的投资收益，也会相应地降低风险投资的投资意愿，投入研发的资金相应减少，阻碍企业技术创新水平的提升。

部分学者研究了地理距离对风险投资介入创业企业的影响。风险投资机构倾向于投资地理距离较近的企业，存在地理邻近偏好性，并且随着空间距离的增加，风险投资会重新分配现金流和控制权，影响风险投资分布，进而影响企业技术创新和区域经济发展（Cumming et al, 2010；董静等, 2017；Guenther, 2018；Lutz et al, 2013）。

3.4.2 不同风险投资背景对技术创新作用受地理距离影响

在不同的风险投资背景下，地理距离对创业企业技术创新会产生不同的影响。从风险投资背景特征来看，主要分为国有风险投资、私营风险投资、外资风险投资等（Bertoni & Tykvova, 2012；Bertoni et al, 2015；Brander et al, 2010；苟燕楠、董静, 2014）。一般情况下，国有风险投资受国家政策影响，以推动科技创新、高科技产业化、区域经济发展等作为目标任务，具有政策导向性和公共产品特性。如，Fritsch & Schider（2008）、Jääskeläinen & Markku（2014）、董静等（2017）学者认为，国有风险投资更受空间距离远近的影响，存在"本地投资偏好"，并且国有风险投资机构专业化能力较弱，重要职位的员工来自政府部门，适应市场化能力差，难以对空间距离较远的企业进行有效的监督管理和提供增值服务。

私营风险投资也会受地理距离远近的影响。一方面与国有风险投资相比，私营风险投资资金来源不同，对创业企业创新的贡献度有着显著差异；另一方面私营风险投资与国有风险投资的投资动机不同，也会造成技术创新产出的显著差异。私营风险投资对企业技术创新的作用也会受空间距离远近的影响（Bertoni & Tykvova, 2012）。外资风险投资与国有风险投资和私营风险投资不同，外资风险投资完全市场化运作，专业化强，具有更大的国际化广度（董静等, 2017），在全球市场上寻求更好的创业项目，在短期内追求高科技、高收益是其主要投资目标，而专利等技术创新产出时间较长，并不是外资风险投资的主要目标和追求。另外，外资风险投资经验更加丰富，依据长期的投资经验积累，更能够减少空间距离带来的风险。

3.4.3 不同风险投资策略对技术创新作用受地理距离的影响

本书对风险投资策略的研究主要从联合投资和单独风险投资两个方面展开。联合风险投资主要由多个风险投资机构联合对创业企业进行投资，可以由不同的风险投资机构共同分担经营风险和代理成本。不同的风险投资机构具有不同的经验和关系，充分发挥各个风险投资机构的资源优势，实现不同风险投资机构资源优势的融通和交织，达到对企业的监督管理，降低地理距离增加所产生的成本和风险，为企业带来增值服务（Butler et al，2013；Lutz，2013）。另外，联合风险投资是多个风险投资机构联合作战，能够对创业企业的风险进行更好的识别和评估，更好发挥风险分摊、资源共享的作用，并且多家风险投资机构参与投资，能够向外界发出创业企业高质量的信号。因此，随着主风险投资机构与创业企业之间的地理距离增加，联合风险投资能够利用各个风险投资的优势和经验，减少距离增加所造成的信息不对称问题，降低创业企业的代理成本和风险，因此对企业创新产出的影响相对较小。

独立风险投资是指只有一家风险投资机构对创业企业进行投资。独立风险投资机构对创业企业的投资存在地理位置邻近性现象，并且倾向于集群区域投资（Fritsch & Schilder，2008；Gompers & Lerner，1999）。之所以选择邻近的地理位置进行投资，主要是因为距离邻近能够提高风险投资的投资绩效，更好地进行监督管理，利用风险投资的资源和关系优势。大多数独立风险投资以专业风险投资为主，通常具有专业优势和行业专长，并且具有"距离偏好"。另外，与联合风险投资相比，单独风险投资机构的资源关系和经验都相对较少（邹双、成力为，2017），承担风险的能力较低，会尽量规避距离增加所带来的风险和成本。根据本书第4章的研究结果，独立风险投资会促进企业专利申请量的增加，但是随着主风险投资机构与创业企业之间的地理距离增加，独立风险投资机构对创业企业的监管、资源和关系的有效利用减弱，并且独立风险投资更加注重财务投资绩效。因此，随着主风险投资机构与创业企业的地理距离增加，独立风险投资对企业技术创新的产出影响更大。

3.5 高铁通车、风险投资与技术创新的内在机理

高铁通车也是风险投资影响企业技术创新的外生变量。地理距离是影响风险投资的重要调节变量，地理距离增加了风险投资的投资风险和经营成本。但是随着各个城市间高铁通车，城市间的时空进一步压缩，风险投资机构可以方便快速地与高铁通车城市的创业企业进行交流，对企业进行实地考察，对投资项目进行筛选，对被投资企业进行监督、管理和指导等，有效地提高风险投资机构的运用效率，降低投资风险。高铁通车有效地提高了我国风险投资资源的

配置效率，压缩了城市间的时空距离，提高了风险投资与企业之间面对面交流的灵活性，降低了风险投资机构与创业企业的信息交流成本，有利于改变风险投资的邻近距离投资偏好（张学勇、张叶青，2016）。高铁通车通过以下几个方面影响企业技术创新，如图3-5所示。

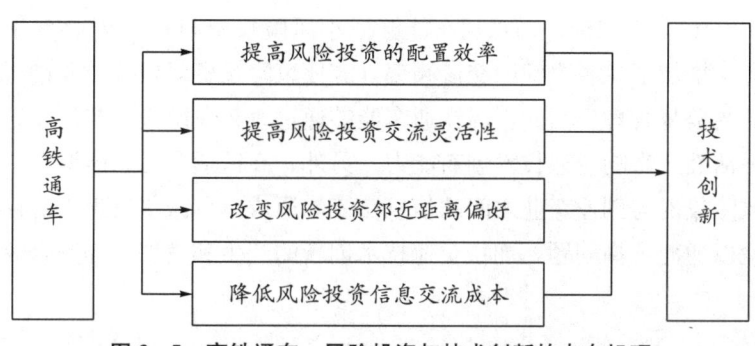

图3-5 高铁通车、风险投资与技术创新的内在机理

3.5.1 提高风险投资的配置效率

高铁通车可改善风险投资与创业企业的资源配置效率，实现帕累托最优。配置效率是指以投入要素的最佳组合来生产出"最优的"产品数量组合，在投入不变的条件下，通过资源的优化组合和有效配置，效率就会提高，产出就会增加。高铁通车后，大大改变了风险投资机构与创业企业的空间距离，使得风险投资能够更加方便地全面了解企业的信息，合理优化资源和配置，提供风险投资的配置效率。李云鹤和李文（2016）认为，风险投资机构能够监督企业代理问题，从而有效改善公司过度投资，而高铁通车能够减少委托代理问题，进而影响风险投资的配置效率。Bernstein等（2016）认为，风险投资能够通过时空压缩获取更多的企业软信息，全面了解企业的经营状况，降低投资成本和风险，提高风险投资的资源配置效率。龙玉等（2017）研究了高铁通车改变地理距离的时空约束后风险投资的变化，结果显示，与非高铁城市相比，高铁城市的风险投资规模明显增加，风险投资与创业企业之间的不对称信息显著降低，高铁带来的空间压缩、时间节约、可达性提高，使得高铁城市吸引了更多的风险投资，有利于地方经济转型和推动创新。

3.5.2 提高风险投资交流灵活性，降低信息交流成本

高铁通车缩短了风险投资机构与创业企业之间的时空距离，方便风险投资

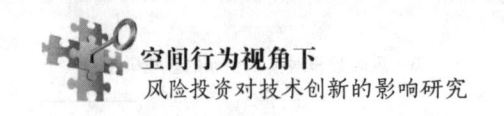

机构随时前往创业企业进行实地调研、与企业家进行面对面交谈，解决风险投资与创业企业之间的信息不对称问题。Hochberg & Rauh（2015）认为，地理邻近的投资目标有助于风险投资机构与创业企业之间的灵活交流，而随着风险投资机构与创业企业之间交流的增加，创业企业的技术创新能力也得到了提高（Bernstein et al，2016）。高铁通车能够减小风险投资机构与创业企业之间的空间距离，增加了二者之间的交流频率，方便风险投资对创业企业进行投资前和投资后的监督管理。因此，高铁通车能够通过改善风险投资与创业企业之间交流的灵活性来影响企业技术创新能力。另外，高铁通车后，能够在一定程度上降低风险投资与创业企业之间的信息交流沟通成本，减少信息不对称引起的道德风险以逆向选择问题，加快企业技术创新的产生和发展，提升企业技术创新能力。

3.5.3 改变风险投资邻近距离偏好

风险投资机构倾向于投资空间距离较近的企业，存在地理邻近偏好性，并且随着空间距离的增加，风险投资会重新分配现金流和控制权，影响风险投资的分布，进而影响企业技术创新和区域经济发展（董静等，2017；Guenther，2018）。高铁通车后，城市之间的时空进一步压缩，缩短了风险投资机构与创业企业之间的时空距离，可以方便快速地与高铁通车城市的创业企业进行交流和实地考察，对投资项目进行筛选，对被投资企业进行监督、管理和指导等，可以改变风险投资机构的地理距离邻近偏好，不仅投资空间距离较近的企业，还会投资距离较远的高品质企业。

4 基于PSM模型的风险投资对企业创新绩效的影响[①]

[①] 部分内容发表在：张伟科.风险投资介入与企业创新:基于PSM模型的经验证据［J］.科技进步与对策，2020，37(2)：10-18.

4 基于 PSM 模型的风险投资对企业创新绩效的影响

风险投资被称为"经济增长的发动机",是多层次资本市场的主要参与者(钱苹和张帏,2007)。从本质上讲,创新是一种投资的过程,作为创新重要组成部分的技术创新,必须有资本的参与。风险投资一方面能够给创业企业带来资金支持,缓解融资困境,另一方面能够借助自己的长期行业投资经验,为创业企业提供战略规划、上市融资等增值服务,从而提升创业企业的治理能力(Hellmann & Puri,2002;王兰,2017),提高企业科技创新能力(刘娥平等,2018;杨晔和邵同尧,2012),提高公司业绩(陈洪天和沈维涛,2018;周绍妮等,2017)。

风险投资与技术创新息息相关,那么风险投资介入对技术创新的影响又如何呢?首先,现有文献虽然从不同角度研究了风险投资对企业创新绩效的影响,并且得出不同的研究结论,如风险投资对技术创新的促进与抑制作用,但是并没有解释技术创新是风险投资的原因还是结果。其次,大多数文献仅仅将专利申请量作为创新绩效进行分析,但是专利类别包括发明专利、实用新型专利和外观设计专利三种类型,不同类型专利的含金量不同。最后,传统的分析方法不能够矫正样本选择性偏差问题,会对评估结果造成偏差。本章在现有文献研究的基础上,以我国创业板上市公司为样本,采用倾向得分匹配法(PSM)研究了风险投资与企业创新绩效的因果关系,主要贡献有以下几点。①采用 PSM 方法评估风险投资对企业创新绩效的影响,既可以防止样本选择问题造成的结果偏差,又可以分析风险投资介入与企业创新绩效的因果关系;并且,不仅考虑了最邻近匹配方法,还考虑了半径匹配与核匹配,以保证匹配结果的稳健性。②分析了风险投资对不同类型创新绩效的影响,包括对专利申请量、发明专利申请量、实用新型专利申请量、外观设计专利申请量等。③从风险投资类型、风险投资背景等方面,较为全面地分析了风险投资介入对企业创新绩效的影响。

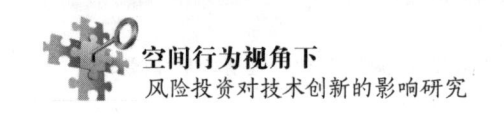

4.1 研究方法

4.1.1 倾向得分匹配法（PSM）

为了规避样本选择所产生的"选择性偏误"，本章主要采用 PSM 方法 (Rosenbaum & Rubin, 1983) 评价风险投资介入对企业创新绩效的影响。PSM 方法的基本原理是依据个体的多维特征变量构造综合倾向得分，且按照综合倾向得分从对照组中寻找与处理组得分相近或者相似个体进行匹配，从而可以克服维数问题带来的匹配困难（Angrist, 1998; Heckman et al, 1997）。将创业板公司分为处理组和对照组，其中处理组是有风险投资介入的企业，对照组为没有风险投资介入的企业。利用 PSM 方法计算企业的倾向匹配得分（PS），然后通过 PS 值选择与处理组企业特征相似的企业作为对照组。这两组企业除是否有风险投资介入外，在其他方面相近或者比较相似，通过比较处理组和对照组之间创新绩效的差异，能够分析风险投资介入对企业创新绩效的影响。

采用 PSM 方法评估风险投资介入对企业创新绩效的影响时，首先利用 Logit 回归来计算企业引进风险投资的概率，即企业的倾向得分值，模型设定如（4-1）所示：

$$p(X_i) = \Pr[VC_i = 1 \mid X_i] = \frac{\exp(\beta X_i)}{1 + \exp(\beta X_i)} \quad (4-1)$$

其中，$p(X_i)$ 为企业引进风险投资的概率，即企业的倾向得分值。X_i 为影响企业引入风险投资的多维特征向量。β 为多维向量对应的系数。VC 为指标变量，如果企业引进风险投资，则 $VC = 1$；如果企业未引进风险投资，则 $VC = 0$。

通过模型（4-1）可以计算出每个企业的倾向得分值 $p(X)$。可以根据倾向得分值，对每个风险投资介入的企业匹配一个最相似的未引进风险投资的企业，并且用 ATT 来评估处理组与对照组的创效绩效差异，即风险投资介入对创新绩效平均影响，具体模型如（4-2）所示：

$$ATT = E[Y_{1i} - Y_{0i} \mid VC_i = 1]$$
$$= E[Y_{1i} - Y_{0i} \mid VC_i = 1, p(X_i)]$$

$$= E[Y_{1i} \mid VC_i = 1, p(X_i)] - E[Y_{0i} \mid VC_i = 0, p(X_i) \mid VC_i = 1] \tag{4-2}$$

其中，Y_{1i} 与 Y_{0i} 分别表示处理组与控制组企业的创新绩效的产出。i 表示企业。VC 为指标变量，如果企业引进风险投资，则 $VC=1$；如果企业未引进风险投资，则 $VC=0$。

4.1.2　匹配方法

在进行 ATT 处理效应检验之前，需要对处理组与对照组进行匹配，否则无法通过匹配得分进行 ATT 检验。目前，部分文献提出了多种匹配方法，但究竟采用哪种方法或者参数，目前尚无文献予以明确。另外，不同的匹配方法，处理组企业匹配出来的控制组企业不同，风险投资介入对企业创新绩效的影响也不同。本书为了保证匹配结果的可靠性，降低不同匹配方法的匹配误差，分别采用最邻近匹配、半径匹配与核匹配三种方法对得分相近的企业进行匹配，三种匹配方法分别如下。

第一，最邻近匹配的方法设定如模型（4-3）所示：

$$C(i) = \text{Min} \| p_i(X_i) - p_j(X_j) \| \tag{4-3}$$

其中，i 为处理组企业，即有风险投资介入的企业；j 为对照组企业，即无风险投资介入的企业；通过倾向得分，筛选与处理组企业最相近的对照组企业匹配，本书采用 1:1 进行匹配，并评估处理组与对照组企业创新绩效的平均差异，即风险投资介入对企业创新绩效影响的平均处理效用（ATT_1），如模型（4-4）所示：

$$ATT_1 = \frac{1}{N_t} \sum_{i; D_i = 1} (Y_i - Y_j) \tag{4-4}$$

其中，Y_i 与 Y_j 分别表示处理组与控制组企业创新绩效的平均处理效应。

第二，半径匹配的方法设定如下。

半径匹配的基本原理是通过匹配与处理组企业倾向得分值小于常数值 r 的对照组企业。如模型（4-5）所示：

$$C(i) = \{ p_j \| p_i(X_i) - p_j(X_j) \| \leqslant r \} \tag{4-5}$$

对于半径匹配的平均处理效应（ATT_2）与最邻近匹配一样，也可以用以下模型进行评价，如模型（4-6）所示：

$$ATT_2 = \frac{1}{N_t} \sum_{i; D_i = 1} (Y_i - Y_j) \tag{4-6}$$

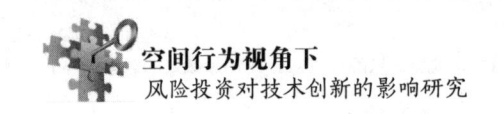

第三，核匹配的方法设定如下。

Hechman 等（1998）提出了核匹配方法，该方法对每一个处理组企业都会与所有对照组企业进行匹配，但是对每个对照组企业赋予不同的权重，与处理组个体距离越近的赋予权重越大，反之权重越小。具体形式如模型（4-7）、模型（4-8）所示：

$$ATT_3 = \frac{1}{N_t} \sum_{i,D_i=1} (Y_i - \sum_{j \in M_{j(i)}} w(i,j) Y_j) \quad (4-7)$$

$$w(i,j) = \frac{K(\frac{p_i^T - p_j^C}{h})}{\sum_{j=1}^{N_{c,i}} K(\frac{p_i^T - p_j^C}{h})} \quad (4-8)$$

其中，$K(\cdot)$ 为核函数；$N_{c,i}$ 为与处理组企业 i 相匹配的对照组个体的数目；p_i^T 为风险投资介入企业的倾向得分值；p_j^C 为没有风险投资介入企业的倾向得分值；h 为带宽。

4.2 变量选取与数据处理

4.2.1 数据来源与处理

本书选取 2009 年 10 月至 2012 年 10 月在我国创业板上市的公司作为研究对象，财务指标数据设定为 2010 年 12 月 31 日至 2017 年 12 月 31 日。为了保证数据的可靠性和真实性，本书所有数据均来源于国泰安（CSMAR）、万得（Wind）、中国研究数据服务平台（CNRDS）等国内权威数据库，并且根据巨潮资讯网、上市公司年报等网站对数据进行了核对。之所以把数据来源设定为 2009 年 10 月至 2012 年 10 月期间上市的创业板公司，主要原因如下：一是我国创业板上市公司特征与风险投资的战略目标相吻合；二是我国创业板开始于 2009 年 10 月，但是 2012 年 11 月至 2014 年 1 月、2015 年 7 月至 2015 年 11 月期间 IPO 停止；三是我国专利申请与授权具有滞后性。我国专利法规定，国务院专利行政部门收到发明专利申请后，经初步审查认为符合本法要求的，自申请日起满 18 个月后公布，实用新型和外观设计专利申请经初步审查后公开，但是从实务情况来看，从申请到公开一般需要 2~4 年时间（陈思等，2017；Liegsalz & Wagner，2013）。如果选用近几年上市的公司，因数据年份太少,并不能实际反映风险投资介入后对专利等创新指标的影响。

对于创业板上市公司是否有风险投资介入,本书借鉴吴超鹏(2012)、权小锋和徐星美(2017)、邹双和成力为(2017)等学者的做法,主要通过以下方法确定:第一,如果公司前十大股东机构名称中有"风险投资""创业风险投资""创业资本投资""创业投资""科技创业投资""科技风险投资""高新投资""科创投资""技术风险投资""高新技术产业投资"字样的,则界定为有风险投资介入的上市公司;第二,如果不满足上述情况,但是名称中有"投资公司""投资有限责任公司""投资有限公司"等字样的,通过国家企业信用信息公示系统查询其主营业务,如果经营范围中有"风险投资""创业投资""创业风险投资",则认定为有风险投资介入的上市公司;第三,如果不满足上述两种情况,通过 Wind 数据库与《中国创业风险投资发展报告》(2010—2017)进行比对,如果名录中有该机构,则认定为有风险投资介入的上市公司。

在风险投资确定的基础上,对风险投资的属性特征进行识别,如风险投资背景、投资策略等。根据风险投资的所有制属性,本书将风险投资背景分为国有风险投资、私营风险投资与外资风险投资。对于所有制属性的确定,主要通过 Wind 数据库、国家企业信用信息公示系统、天眼查、风险投资企业官方网站等渠道获得相关资料,并进行整理。根据风险投资策略,将风险投资分为独立风险投资与联合风险投资,独立风险投资是指只有一家风险投资机构的投资,本书对上市公司前十大股东中只有一家风险投资机构的,认定为独立风险投资;联合风险投资是多家风险投资机构联合起来对企业进行投资,并且由其中一家公司占主导地位,本书对上市公司前十大股东中有两个或者以上风险投资机构介入的,认定为联合风险投资。

本书采用专利申请量来评价创业板上市公司的创新绩效。专利分为发明专利、实用新型专利和外观设计专利三类,专利数据全部来源于中国研究数据服务平台和国泰安。其他匹配变量数据全部来源于国泰安。

此外,在数据处理过程中,剔除了数据缺失较多的部分公司,对于个别年份缺失的数据采用线性插值法进行补齐。通过整理本书选取了 345 个公司,2 542 个样本。

4.2.2 变量选取与设定

本书的变量主要包括被解释变量、解释变量、匹配变量等三个方面,界定

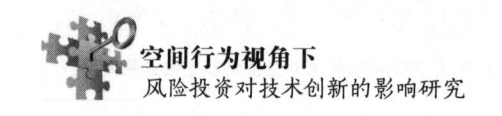

如下。

4.2.2.1 被解释变量：创新绩效

借鉴陈思（2017）、Hall & Harhoff（2012）等的思路，本书选用专利申请量来衡量企业创新绩效。根据《中华人民共和国专利法》规定，专利主要包括发明专利、实用新型专利与外观设计专利等三种不同类型，其中发明专利比实用新型专利和外观设计专利具有更高的含金量。本书在评价企业创新绩效时，不仅考虑了专利申请量（ln$patent$）还考虑了发明专利申请量（ln$invention$）、实用新型专利申请量（ln$utility$）与外观设计专利申请量（ln$design$），并且对所有专利数据取自然对数。由于部分企业在某些年份没有申请专利，其专利申请量为零，若取对数可能产生异常值，因此本书对所有专利数加1后再取对数。

4.2.2.2 解释变量：风险投资

本书通过创业板上市公司前十大股东中是否有风险投资机构来衡量风险投资（vc），风险投资为哑变量，如果前十大股东中有风险投资机构，则$vc=1$，否则$vc=0$。另外，本书还从风险投资所有制属性与投资策略等两个方面分别进行了界定。按照所有制属性的不同，风险投资可以分为国有风险投资、私营风险投资与外资风险投资，如果风险投资为国有风险投资（vc_g），则$vc\_g=1$，否则$vc\_g=0$；如果风险投资为私营风险投资（vc_p），则$vc\_p=1$，否则$vc\_p=0$；如果风险投资为外资风险投资（vc_f），则$vc\_f=1$，否则$vc\_f=0$。按照投资策略的不同，风险投资可以分为联合风险投资与独立风险投资，如果投资策略为联合风险投资（vc_joint），则$vc\_joint=1$，否则$vc\_joint=0$；如果投资策略为独立风险投资（vc_sep），则$vc\_sep=1$，否则$vc\_sep=0$。

4.2.2.3 匹配变量

根据前文的理论分析，借鉴Puri & Zarutskie（2012）、周率等（2017）、邹双和成力为（2017）等学者的研究经验，对处理组与对照组进行PSM匹配的协变量设定如下。

企业规模（ln$size$）：企业规模是衡量企业大小的重要变量，企业规模的大小在一定程度上会影响企业创新能力。本书采用企业资产总额的对数来衡量企业的规模。

主营业务收入（ln*income*）：主营业务收入是指企业从事本行业生产经营活动所取得的营业收入。本书用企业主营业务收入的对数来评价。

资产负债率（*da_ratio*）：资产负债率用来衡量企业利用债权人提供的资金进行经营活动的能力。本书用企业负债总额与资产总额的比值来衡量。

资产报酬率（*ar_ratio*）：资产报酬率又称资产利润率，是在一定时期内企业的息税前利润与平均总资产的比值。

资产增长率（*tag_rate*）：资产增长率是反映企业发展能力和资本积累能力的重要指标。本书用企业年末总资产的增长额与年初总资产的比值来衡量。

产权比率（*e_ratio*）：产权比率是评价企业资金结构是否合理的重要指标。本书用企业负债总额与所有者权益总额的比值来衡量。

研发经费投入（*research*）：研发经费投入是影响企业创新能力的重要指标，也是进行匹配的核心变量。本书用企业研发经费投入占主营业务收入的比值来衡量。

流动比率（*l_ratio*）：流动比率是流动资产对流动负债的比值，用来衡量企业流动资产在短期债务到期以前，可以变为现金用于偿还负债的能力。

主要变量的选择与说明如表 4-1 所示。

表 4-1　主要变量的选择与说明

类别	名称	符号	说明
被解释变量	专利申请量	ln*patent*	发明专利、实用新型专利与外观设计专利申请量之和的对数
	发明专利申请量	ln*invention*	发明专利申请量的对数
	实用新型专利申请量	ln*utility*	实用新型专利申请量的对数
	外观设计专利申请量	ln*design*	外观设计专利申请量的对数
解释变量	风险投资	*vc*	*vc*=1 表示企业有风险投资介入，*vc*=0 表示无风险投资介入
	国有风险投资	*vc_g*	*vc_g*=1 表示企业有国有风险投资介入，*vc_g*=0 表示没有国有风险投资介入
	私营风险投资	*vc_p*	*vc_p*=1 表示企业有私营风险投资介入，*vc_p*=0 表示没有私营风险投资介入

续表

类别	名称	符号	说明
解释变量	外资风险投资	vc_f	$vc\_f=1$ 表示企业有外资风险投资介入，$vc\_f=0$ 表示没有外资风险投资介入
	联合风险投资	vc_joint	$vc\_joint=1$ 表示企业前十大股东中有两个及以上的风险投资，否则为 0
	独立风险投资	vc_sep	$vc\_sep=1$ 表示企业前十大股东中只有一个风险投资，否则为 0
匹配变量	企业规模	$lnsize$	企业资产总额的对数
	主营业务收入	$lnincome$	企业主营业务收入的对数
	资产负债率	da_ratio	企业负债总额与资产总额的比值
	资产报酬率	ar_ratio	企业息税前利润与平均总资产的比值
	资产增长率	tag_rate	企业年末总资产的增长额与年初总资产的比值
	产权比率	e_ratio	企业总负债与所有者权益总额的比值
	研发经费投入	$research$	研发经费投入与主营业务收入的比值
	流动比率	l_ratio	流动资产与流动负债的比值

表 4-2 给出了主要变量的描述性统计结果。

表 4-2 主要变量的描述性统计结果

变量	样本数	均值	标准差	最小值	最大值
$lnpatent$	2542	4.174	0.823	2.197	5.624
$lninvention$	2542	3.286	0.984	1.609	4.934
$lnutility$	2542	3.166	1.039	1.609	4.920
$lndesign$	2542	2.306	0.647	1.609	4.174
vc	2542	0.330	0.470	0.000	1.000
vc_g	2542	0.105	0.307	0.000	1.000
vc_p	2542	0.226	0.418	0.000	1.000
vc_f	2542	0.057	0.231	0.000	1.000
vc_joint	2542	0.127	0.333	0.000	1.000

续表

变量	样本数	均值	标准差	最小值	最大值
vc_sep	2542	0.203	0.403	0.000	1.000

4.3 实证结果分析

4.3.1 估计倾向得分

根据前文的理论分析，选取了企业规模（$lnasset$）、主营业务收入（$lnincome$）、资产负债率（da_ratio）、资产报酬率（ar_ratio）、资产增长率（tag_rate）、产权比率（e_ratio）、研发经费投入（$research$）、流动比率（l_ratio）等8个变量进行匹配，其描述性统计结果如表4-3所示。倾向得分（PS）能够使处理组与对照组进行多个变量的多维匹配，通常情况下能够将每个企业的多个特征变量（匹配变量）降维到一个变量，然后通过PS得分进行匹配，而传统方法无法解决多维度匹配问题。

表4-3 匹配变量的描述统计结果

变量	样本数	均值	标准差	最小值	最大值
$lnasset$	2542	21.155	0.772	19.568	23.252
$lnincome$	2542	20.220	0.894	18.415	22.725
da_ratio	2542	0.264	0.163	0.029	0.689
ar_ratio	2542	0.059	0.050	−0.103	0.230
tag_rate	2542	0.459	0.764	−0.167	4.044
e_ratio	2542	0.449	0.431	0.030	2.235
$research$	2542	6.857	5.847	0.157	35.220
l_ratio	2542	5.309	6.040	0.774	34.609

本书采用Logit回归模型4-1计算倾向得分，为了更好地获取匹配变量，本书借鉴Lian（2011）、Tzioumis（2008）等的经验，通过在模型中增加企业基本特征、创新能力、发展能力等指标，希望通过多维度指标能够较好地寻找

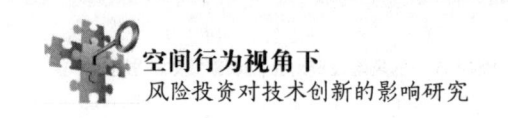

对照组企业，使得处理组与对照组企业比较相近或者相似。模型4-1包括的变量有企业规模（ln$asset$）、主营业务收入（ln$income$）、资产负债率（da_ratio）、资产报酬率（ar_ratio）、资产增长率（tag_rate）、产权比率（e_ratio）、研发经费投入（$research$）和流动比率（l_ratio）。

先通过Logit回归模型估计倾向得分，再根据倾向得分将风险投资介入的企业与没有风险投资介入的企业进行匹配，即为风险投资介入的处理组企业寻找对照组。但是现有文献尚未形成统一的标准来选择合适的Logit回归模型，本书采用Logit回归分析中广泛使用的Pseudo-R^2和ROC曲线下的面积（AUC）进行选择。之所以使用AUC，是因为Logit回归模型中的因变量是离散变量（0和1），而倾向得分（Logit回归模型的预测值）是连续变量，传统的统计学（如Pearson相关系数）不能用于分析它们的相关性（Hosmer & Lemeshow, 2005; Lian et al, 2011）。因此，在这种情况下，AUC能够更好地选择合适的模型。

模型4-1的回归结果如表4-4所示。回归模型（2）对行业变量进行了控制，回归模型（3）增加了研发经费投入变量，回归模型（4）增加了流动比率变量。从回归结果来看，风险投资介入的概率与企业规模、资产负债率、资产报酬率、资产增长率、研发经费投入等变量存在显著的正相关关系，与主营业务收入和产权比率存在显著的负相关关系，与流动比率不相关。

从表4-4来看，回归模型（1）~（4）的Pseudo-R^2值位于0.117~0.124之间，AUC值位于0.880~0.898之间，通过比较Pseudo-R^2和AUC值，可以看出回归模型（3）比其他模型更好。Stürmer等（2006）认为，在一般情况下使用Logit回归模型计算倾向得分（PS）时，将AUC大于0.8作为模型选择重要指标。在回归模型（3）中，AUC为0.898，高于上述标准值。因此，下文将使用回归模型（3）来计算倾向得分，然后比较风险投资介入公司与没有风险投资介入公司的创新绩效。

表4-4 Logit模型回归结果

变量	(1)	(2)	(3)	(4)
ln$asset$	0.539*** (4.99)	0.594*** (5.38)	0.535*** (4.61)	0.529*** (4.55)
ln$income$	-0.495*** (-4.85)	-0.556*** (-5.32)	-0.491*** (-4.40)	-0.479*** (-4.26)

续表

变量	(1)	(2)	(3)	(4)
da_ratio	0.469* (1.81)	0.559* (1.66)	0.712* (1.77)	1.239* (1.78)
ar_ratio	1.589 (1.54)	2.069** (1.97)	2.116** (2.01)	2.070** (1.97)
tag_rate	0.160*** (2.74)	0.155*** (2.63)	0.171*** (2.87)	0.162*** (2.66)
e_ratio	−0.32* (−1.95)	−0.344* (−1.90)	−0.371** (−1.98)	−0.513 (−1.32)
$research$			0.014* (1.69)	0.013* (1.75)
l_ratio				0.009 (0.79)
常数项	−2.262* (−1.74)	−2.543* (−1.93)	−2.784** (−2.10)	−3.005** (−2.21)
行业虚拟变量	NO	YES	YES	YES
Pseudo-R^2	0.117	0.123	0.124	0.124
AUC	0.880	0.897	0.898	0.898
N	2542	2542	2542	2542

备注：①被解释变量为风险投资，该变量为离散变量，如果企业引进风险投资取值为1，否则取值为0；②***、**、*分别表示在1％、5％、10％水平上显著；③AUC 表示曲线 ROC 曲线下方的面积。

4.3.2 匹配效果检验

图 4-1 和图 4-2 分别为 PSM 匹配结果与匹配前后的核密度函数。经检验，最邻近匹配、半径匹配与核匹配这三种匹配方法的检验结果差异较小，因篇幅限制，本书采用最邻近匹配法来检验匹配效果。

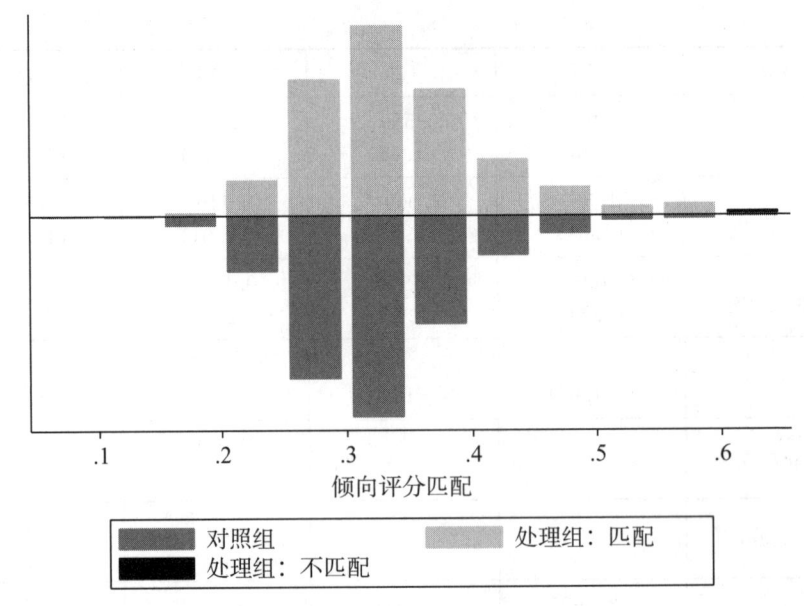

图 4-1 匹配结果图

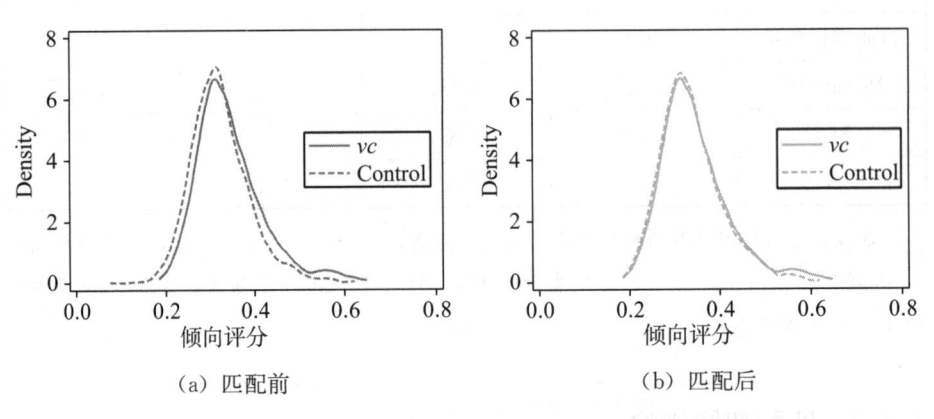

图 4-2 匹配前后的核密度图

（a）匹配前　　　　　　　　　（b）匹配后

从图 4-1 可以看出，控制组与对照组企业的倾向得分值主要集中在 0.25～0.40，并且对于处理组企业样本，通过倾向得分值与对照组企业基本上得到了匹配，只有个别处理组企业未得到匹配。图 4-2（a）和图 4-2（b）分别显示了对照组与处理组匹配前后的核密度函数。可以看出，在匹配前，对照组与处理组的核密度函数存在显著的差异，如果将对照组中所有没有风险投资介入的企业与处理组中有风险投资介入企业进行比较，会造成结果偏误。因为在比较前，处理组和对照组存在显著差异，即除了风险投资介入，其他方面也存在显著差异。而采用 PSM 匹配后，如图 4-2（b）所示，处理组与对照组的核密度函数线完全重合，说明处理组与对照组的特征基本相似。

从表 4-5 各匹配变量的均衡性检验结果可知，经过匹配后各变量在处理组和对照组之间是均衡的。变量 ln*income*、*da_ratio*、*ar_ratio*、*tag_rate*、*e_ratio*、*research* 等在匹配前的 p 值小于 10%，拒绝处理组与对照组无差别的原假设，即二者之间存在显著差异，而匹配后 p 值全部大于 10%，即处理组与对照组之间不存在显著差异；变量 ln*asset* 在匹配前后 p 值无变化，全部大于 10%，即匹配前后处理组与对照组无差异。总之，经过匹配后，各变量已非常相似，标准化平均值差异接近 0，所有匹配变量的不平衡性显著降低，满足平衡性检验。

表 4-5 匹配变量的均衡性检验结果

变量	匹配状态	均值 处理组	均值 对照组	偏差 偏差值	偏差 减少幅度	t—检验 t 值	t—检验 p 值
ln*asset*	U	21.16	21.15	1.10		0.27	0.786
	M	21.16	21.17	−1.10	2.20	−0.23	0.822
ln*income*	U	20.14	20.26	−13.20		−3.10	0.002
	M	20.15	20.17	−2.90	77.90	−0.59	0.553
da_ratio	U	0.25	0.27	−13.70		−3.23	0.001
	M	0.25	0.25	−2.20	84.00	−0.45	0.650
ar_ratio	U	0.06	0.06	7.10		1.69	0.091
	M	0.06	0.06	−2.20	69.60	−0.44	0.661
tag_rate	U	0.56	0.41	18.60		4.65	0.000
	M	0.55	0.60	−6.20	66.90	−1.09	0.276
e_ratio	U	0.41	0.47	−12.70		−2.95	0.003
	M	0.41	0.42	−1.80	86.00	−0.38	0.705
research	U	7.32	6.63	11.70		2.79	0.005
	M	7.27	6.99	4.80	59.00	0.95	0.343

4.3.3 匹配结果分析

本书在上文匹配效果检验基础上，采用最邻近匹配、半径匹配与核匹配三种匹配方法分析了风险投资介入对企业创新绩效的影响。同时，不仅考虑了全

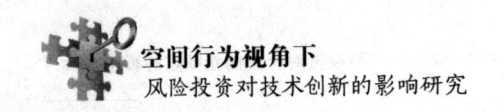

部样本的影响,而且从风险投资背景、风险投资策略等不同角度进行了深入分析。

4.3.3.1 基准分析

采用最邻近匹配、半径匹配与核匹配方法分析了风险投资介入对企业创新绩效的影响,表4-6报告了三种匹配结果。

表4-6 风险投资对企业创新绩效影响的匹配结果

变量	匹配状态	处理组	对照组	ATT	标准误	t值
最邻近匹配						
ln*patent*	U	4.1861	4.1383	0.0478	0.0347	1.38
	M	4.1906	4.1066	0.0840	0.0474	1.77*
ln*invention*	U	3.2908	3.1936	0.0972	0.0415	2.34**
	M	3.2956	3.1687	0.1268	0.0469	2.70***
ln*utility*	U	3.1997	3.1495	0.0502	0.0438	1.14
	M	3.2042	3.0947	0.1095	0.0596	1.84*
ln*design*	U	2.2844	2.3164	−0.0320	0.0273	−1.17
	M	2.2842	2.3514	−0.0671	0.0377	−1.78*
半径匹配						
ln*patent*	U	4.1861	4.1383	0.0478	0.0347	1.38
	M	4.1932	4.1089	0.0843	0.0366	2.31**
ln*invention*	U	3.2908	3.1936	0.0972	0.0415	2.34**
	M	3.2751	3.1580	0.1170	0.0326	3.59***
ln*utility*	U	3.1997	3.1495	0.0502	0.0438	1.14
	M	3.1889	3.0978	0.0911	0.0348	2.62***
ln*design*	U	2.2844	2.3164	−0.0320	0.0273	−1.17
	M	2.2844	2.3243	−0.0399	0.0276	−1.45
核匹配						
ln*patent*	U	4.1861	4.1383	0.0478	0.0347	1.38
	M	4.2661	4.1689	0.0972	0.0376	2.59***

续表

变量	匹配状态	处理组	对照组	ATT	标准误	t 值
ln*invention*	U	3.2908	3.1936	0.0972	0.0415	2.34**
	M	3.3507	3.2250	0.1257	0.0426	2.95***
ln*utility*	U	3.1997	3.1495	0.0502	0.0438	1.14
	M	3.1576	3.1576	0.0211	0.0118	1.79*
ln*design*	U	2.2844	2.3164	−0.0320	0.0273	−1.17
	M	2.2704	2.3043	−0.0339	0.0276	−1.23

备注：①U 表示匹配前，M 表示匹配后；②***、**、*分别表示在1%、5%、10%水平上显著；③标准误差通过 Bootstrap 计算所的，其重复次数为500次。

从表4-6可以看出，匹配前后风险投资对企业专利申请量（ln*patent*）的影响存在显著差异，匹配后能够显著地促进企业专利申请量的增加。具体来讲，最邻近匹配的结果表明，在匹配前，处理组和对照组的专利申请量分别为4.1861和4.1383，ATT为0.0478，在10%的显著性水平上不显著。但是，经过匹配后处理组和对照组的专利申请量分别为4.1906和4.1066，ATT为0.0840，通过10%的显著性水平检验，并且与匹配前相比，匹配后的ATT得到了明显提升。从半径匹配结果看，匹配后处理组与对照组的专利申请量分别为4.1932和4.1089，ATT值为0.0843，并且通过5%的显著性水平检验。从核匹配的结果看，匹配后处理组与对照组的专利申请量分别为4.2661和4.1689，ATT值为0.0972，在1%水平上显著。以上三种匹配结果说明，与匹配前相比，匹配后风险投资介入能够显著地促进企业专利申请量的提升，如果不对样本的选择性偏差进行控制，可能会低估风险投资介入对企业专利申请量的影响。

专利包括发明专利、实用新型专利和外观设计专利。虽然风险投资能够显著地促进专利申请总量的提升，但是对三种不同类型专利申请量的影响是否相同？能否促进三种不同类型专利申请量的增加？本书分别考虑了风险投资介入对不同专利类型的影响。从最邻近匹配的结果看，匹配前处理组和对照组的发明专利申请量分别为3.2908和3.1936，ATT为0.0972，处理组在5%水平上显著高于对照组。而匹配后处理组与对照组的发明专利申请量分别为3.2956和3.1687，ATT为0.1268，通过1%的显著性水平检验；并且与匹配前相比，匹配后风险投资对发明专利申请量的影响明显提升。同样，半径匹配与核匹配的结果显示，匹配后风险投资对发明专利申请量的ATT效应分别为

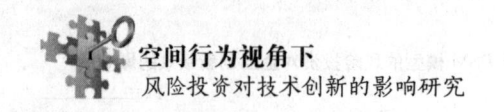

0.1170 与 0.1257，比匹配前的 ATT 0.0972 效应明显提升。这说明经过匹配后，风险投资介入对发明专利申请量的提升更大，通过 PSM 方法能够规避因样本选择偏差而低估风险投资对企业创新绩效的影响。

风险投资对企业实用新型专利申请量（$lnutility$）会产生显著的促进作用。从最邻近匹配的结果看，在匹配前处理组与对照组实用新型专利数量平均数量分别为 3.1997 和 3.1495，ATT 效应为 0.0502，且在 10% 的水平上不显著。但是匹配后处理组与对照组实用新型专利申请量分别为 3.2042 和 3.0947，ATT 效应为 0.1095，并且在 10% 水平上存在显著影响。从半径匹配和核匹配的结果看，匹配前风险投资对企业实用新型专利数量的影响为正，但是并不显著。而匹配后风险投资对企业实用新型专利的处理效应 ATT 分别为 0.0911 和 0.0211，并且通过 10% 的显著性水平检验，与最邻近匹配的结果基本一致。这说明风险投资能够显著地促进我国企业实用新型专利申请量的增加。

与发明专利和实用新型专利相比，外观设计专利的技术含量相对较低，因此风险投资对企业外观设计专利申请量可能存在不同的影响。从表 4-6 三种匹配方法的匹配结果看，匹配前处理组与对照组风险投资对企业外观设计专利申请量（$lndesign$）影响的处理效应 ATT 为负，在 10% 显著性水平上全部不显著，而匹配后，风险投资对公司外观设计专利申请量小于没有风险投资介入的公司，其处理效应全部为负，且明显大于匹配前的处理效应。但是除最邻近匹配通过 10% 显著性水平外，其他两种方法的匹配结果并不显著，这说明风险投资介入对企业外观设计专利申请量存在负向影响，但是并不稳健。

总之，风险投资介入对发明专利和实用新型专利有显著的促进作用，但是对外观设计专利的影响并不显著。可能的原因是本书选取的样本为创业板上市公司，这些公司以高科技高成长为特征，更注重企业的创新发明。虽然发明专利和实用新型专利周期较长，但是能够给企业带来较高的预期收益。所以，风险投资介入对这些类型的创新绩效提升具有显著的促进作用。

4.3.3.2 风险投资策略对创新绩效的影响

不同风险投资策略对企业创新绩效的影响可能不同。本书从独立风险投资和联合风险投资角度出发，分别采用最邻近匹配、半径匹配与核匹配等 PSM 匹配方法，实证分析了不同投资策略的风险投资对企业创新绩效的影响，表 4-7 分别给出了全部样本、独立风险投资与联合风险投资在不同匹配方法下的处理效应。

独立风险投资介入企业的匹配结果表明，独立风险投资介入对企业专利申请量存在显著的正向影响。具体来讲，从最邻近匹配结果看，匹配后独立风险投资对处理组企业专利申请量的处理效应 ATT 为 0.0560，并且通过 10% 显著性水平检验。但是独立风险投资对发明专利申请量、实用新型专利申请量、外观设计专利申请量的影响并不显著。半径匹配方法结果显示单独风险投资对专利总申请量、发明专利申请量、实用新型专利申请量的处理效应 ATT 分别为 0.0200、0.0149、0.0499，并且在 10% 水平上显著，但是对外观设计专利申请量的影响并不显著。而从核匹配结果来看，基本与前两种方法的匹配结果一致，即独立风险投资介入对企业专利申请量有显著的正向影响，但是对发明专利和外观设计专利申请量的影响并不显著。

从联合风险投资样本的匹配结果来看，联合风险投资对企业创新绩效存在显著的正向影响。最邻近匹配结果显示，联合风险投资对专利申请总量、发明专利、实用新型专利的处理效应 ATT 分别为 0.0873、0.0634、0.1212，且通过 10% 显著性水平检验。同样，半径匹配和核匹配的结果显示，联合风险投资介入能够显著促进专利申请量、发明专利申请量、实用新型专利申请量，但是对外观设计专利申请量的处理影响 ATT 为负，且未通过 10% 显著性水平检验。

从联合风险投资与独立风险投资对企业创新绩效影响的差异来看，无论最邻近匹配、半径匹配还是核匹配，联合风险投资能够显著地促进企业专利申请量的增加，特别是发明专利与实用新型专利申请量。与独立风险投资相比，联合风险投资对专利申请量的 ATT 效应更大；联合风险投资能够更加显著地促进发明专利申请量的提升，而独立风险投资对发明专利申请量的影响并不稳定，即最邻近匹配和核匹配方法结果对发明专利的影响不显著；无论独立风险投资还是联合风险投资，对外观设计专利影响的 ATT 效应为负，但是全部没有通过 10% 显著性水平检验，这说明风险投资并不能促进外观设计专利的提升，这与全样本检验的结果一致。

与独立风险投资相比，联合风险投资更能够显著地促进企业创新绩效的提升，可能的原因是联合风险投资是两个及以上的风险投资机构进入企业，联合风险投资机构具有更多的关系网络、更加丰富的经验和资源，多个风险投资机构之间可以相互合作，更好地发挥监督管理功能、市场功能，促进企业价值的提升。而独立风险投资是一个风险投资机构进入企业，独立风险投资的关系网络较少，经验和资源相对较少，缺乏联合风险投资的先天性优势，所以联合风险投资比独立风险投资更加能够显著地促进企业创新能力的提升。

表 4-7 不同投资策略风险投资对企业创新绩效的影响

变量	匹配状态	全部样本 ATT	t 值	独立风险投资 ATT	t 值	联合风险投资 ATT	t 值
最邻近匹配							
ln*patent*	M	0.0840	1.77*	0.0560	1.79*	0.0873	2.53**
ln*invention*	M	0.1268	2.70*	0.0387	1.46	0.0634	1.95*
ln*utility*	M	0.0911	1.84*	0.1037	1.19	0.1212	2.71***
ln*design*	M	−0.0399	−1.78*	−0.0408	−0.75	−0.0368	−0.84
半径匹配							
ln*patent*	M	0.0843	2.31**	0.0200	1.69*	0.0814	2.03**
ln*invention*	M	0.1170	3.59***	0.0149	2.30**	−0.0122	3.20***
ln*utility*	M	0.0911	2.62**	0.0499	1.96**	0.0988	2.46**
ln*design*	M	−0.0399	1.45	−0.0388	−1.23	−0.0280	−0.73
核匹配							
ln*patent*	M	0.0972	2.59***	0.0915	1.82*	0.0921	2.02**
ln*invention*	M	0.1257	2.95***	0.1162	1.33	0.1215	2.19**
ln*utility*	M	0.0211	1.79*	0.0514	1.98**	0.0591	2.47**
ln*design*	M	−0.0339	−1.23	−0.0388	−1.23	−0.0288	−0.75

备注：①M 表示匹配后；②***、**、* 分别表示在 1%、5%、10% 水平上显著。

4.3.3.3 风险投资背景对企业创新绩效的影响

不同背景的风险投资机构对企业创新绩效的影响可能不同。我国风险投资机构主要包括国有、私营与外资三个类型。本书分别从国有、私营与外资这三种不同背景的风险投资机构出发，采用 PSM 方法分析了风险投资介入对企业创新绩效的影响。表 4-8 分别报告了最邻近匹配、半径匹配和核匹配三种不同方法的 PSM 匹配结果。

表 4-8 不同风险投资背景对企业创新绩效的影响

变量	匹配状态	国有风险投资 ATT	t 值	私营风险投资 ATT	t 值	外资风险投资 ATT	t 值
最邻近匹配							
ln patent	M	0.1501	2.63***	0.0696	1.28	0.0436	1.94*
lninvention	M	0.0444	2.48**	0.0637	1.98**	0.1707	1.47
lnutility	M	0.0190	2.20**	0.0547	1.81*	0.1911	1.47
lndesign	M	−0.0851	−1.41	0.0144	1.34	−0.0648	−2.88***
半径匹配							
ln patent	M	0.1642	3.11***	0.0460	1.17	0.0113	1.16
lninvention	M	0.0513	3.02***	0.0124	1.26	0.0237	1.28
lnutility	M	0.0839	2.22**	0.0694	1.99**	0.1367	1.50
lndesign	M	−0.0387	−1.92*	0.0194	0.30	−0.0992	−2.06**
核匹配							
ln patent	M	0.0686	3.19***	0.0458	1.86*	0.0192	1.13
lninvention	M	0.0635	4.05***	0.0120	1.25	−0.0290	−1.34
lnutility	M	0.0876	2.28***	0.0693	1.89*	0.1382	1.51
lndesign	M	−0.0411	−1.98**	0.0195	1.30	−0.1011	−2.10**

备注：①M 表示匹配后；②***、**、* 分别表示在 1%、5%、10% 水平上显著。

国有风险投资对企业创新绩效存在显著的正向影响。从最邻近匹配的结果，国有风险投资对企业专利申请量的处理效应 ATT 为 0.1501，并且通过 1% 的显著性水平。这表明与对照组相比，国有风险投资能够显著地促进处理组企业的专利申请量。同样，国有风险投资在 5% 显著性水平上能够显著地促进发明专利申请量和实用新型专利申请量，但是对外观设计专利申请量影响的处理效应 ATT 为负，并且不显著。从半径匹配和核匹配结果看，国有风险投资能够显著地提升企业专利申请量，与对照组相比，处理组的专利申请量在 1% 显著水平上的处理效应分别为 0.1642 和 0.0686。国有风险投资对发明专利申请量的处理效应分别为 0.0513 与 0.0635，对实用新型专利申请量的处理效应分别为 0.0839 与 0.0876，并且全部通过 5% 显著性水平检验。但是国有风险投资对外观设计专利的处理效应在 10% 水平上显著为负，ATT 分别为 −0.0387 和 −0.0411。这表明国有风险投资能够显著地促进企业创新绩效的提

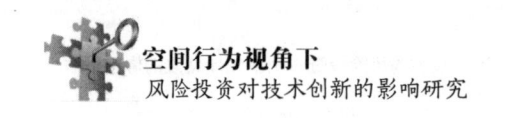

升，可能的原因是国有风险投资一般具有政策导向性，具有更强的发明取向和更长的投资时间，能够把主要资源投向研发等活动，这与Bottazzi（2008）、Luukkonen（2013）等学者的研究结果基本一致。

私营风险投资对企业创新绩效的影响并不完全显著。从最邻近匹配的结果看，私营风险投资对专利申请量的处理效应为0.0696，但是在10％水平上并不显著。对发明专利申请量和实用新型专利申请量的处理效应分别为0.0637与0.0547，并且通过10％显著性水平检验，但是私营风险投资对外观设计专利的处理效应并不显著。从半径匹配的结果可以看出，私营风险投资对专利申请量的处理效应分别为0.0460，对发明专利申请量和外观设计专利的处理效应分别为0.0124和0.0194，但是在10％水平上全部不显著。而私营风险投资对实用新型专利申请量影响的处理效应为0.0694，且通过5％显著性水平检验。核匹配结果显示，私营风险投资对专利申请量和实用新型专利申请量的处理效应分别为0.0458和0.0693，并且通过10％显著性水平检验。但是私营风险投资对发明专利申请量和外观设计专利申请量的处理效应为正，且没有通过10％显著性水平检验。总之，私营风险投资对专利申请量和发明专利申请量的影响并不稳定，这说明私营风险投资并不能促进企业专利申请量和发明专利申请量的增长。另外，三种不同匹配方法中，私营风险投资对外观设计专利申请量的影响都不显著，这说明私营风险投资并不能显著地促进外观设计专利申请量的增加，但是对实用新型专利申请量存在显著的影响，即私营风险投资能够显著地促进实用新型专利申请量的增长。

外资风险投资对不同类型的创新绩效影响也不同。从三种不同方法的匹配结果来看，只有最邻近匹配法下外资风险投资对公司专利申请量存在显著的影响，其处理效应为0.0436，并且通过10％显著性水平检验。在半径匹配和核匹配下，外资风险投资对企业专利申请量影响的处理效应分别为0.0113和0.0192，但是并不显著，这说明外资风险投资对企业专利申请量的影响并不稳健。外资风险投资对企业发明专利申请量影响的处理效应分别为0.1707、0.0237与−0.0290，但是全部没有通过10％显著性水平检验，这说明外资风险投资对企业发明专利不存在显著的影响。外资风险投资对企业实用新型专利申请量影响的处理效应分别为0.1911、0.1367与0.1382，同样也未通过10％显著性水平检验，表明风险投资对企业实用新型专利申请量也不存在显著影响。但是，外资风险投资对实用新型专利申请量的处理效应分别为−0.0648、−0.0992、−1.1011，并且全部通过5％显著性水平检验，表明外资风险投资对实用新型专利申请量存在负向影响。这与前文的研究结论基本一致。

总之，国有风险投资能够显著提升企业创新绩效，主要原因是国有风险投资一般具有政策导向性，具有更强的发明取向和更长的投资时间，能够把主要资源投向研发等活动。而私营风险投资和外资风险投资对企业创新绩效的影响不完全稳定，主要原因是私营风险投资和外资风险投资大多数仅仅考虑短期回报，不利于企业长期的研发投入。

4.4　小结

本章以 2009 年 10 月至 2012 年 10 月上市的创业板公司作为研究对象，其财务指标数据设定为 2010 年 12 月 31 日至 2017 年 12 月 31 日。采用最邻近匹配、半径匹配与核匹配三种不同的 PSM 方法，实证分析了风险投资介入对我国创业板企业专利申请量、发明专利申请量、实用新型专利申请量和外观设计专利申请量等不同类型创新绩效的影响，主要得到如下结论。

从基准分析来看，风险投资介入对发明专利和实用新型专利有显著的促进作用，但是对外观设计专利的影响并不显著。可能的原因是本书选取的样本为创业板上市公司，这些公司以高科技高成长为特征，更注重企业的创新发明。虽然发明专利周期较长，但是能够给企业带来较高的预期收益，所以风险投资介入对创新绩效的提升具有显著的促进作用。

从风险投资策略来看，与独立风险投资相比，联合风险投资更能够显著地促进企业创新绩效的提升。可能的原因是联合风险投资是两个及以上的风险投资机构进入企业，联合风险投资机构具有更多的关系网络、更加丰富的经验和资源，多个风险投资机构之间可以相互合作，更好地发挥监督管理功能、市场功能，促进企业价值提升。而独立风险投资是一个风险投资机构进入企业，独立风险投资的关系网络较少，经验和资源相对较少，缺乏联合风险投资的先天性优势，所以联合风险投资比独立风险投资更加能够显著地促进企业创新能力的提升。

从风险投资背景来看，国有风险投资能够显著提升企业创新绩效。主要原因是国有风险投资一般具有政策导向性，具有更强的发明取向和更长的投资时间，能够把主要资源投向研发等活动。而私营风险投资和外资风险投资对企业创新绩效的影响不完全稳定，主要原因是私营风险投资和外资风险投资大多数仅仅考虑短期回报，不利于企业长期的研发投入。

5 地理距离、风险投资与企业技术创新[①]

---

① 本章部分内容发表于：Tian X L, Kou G, Zhang W. Geographic Distance, Venture Capital and Technological Performance: Evidence from Chinese Enterprises [J]. Technological Forecasting and Social Change, 2020 (158)：120155.

5 地理距离、风险投资与企业技术创新

第 4 章采用 PSM 模型分析了风险投资对企业技术创新的影响。然而，由于风险投资机构与创业企业之间存在信息不对称和委托代理关系，风险投资介入的过程中可能产生道德风险、代理风险和经营管理风险。随着主风险投资机构与创业企业之间地理距离的增加，以上风险可能会随之增加。因此，风险投资介入创业企业呈现出地理距离"邻近偏好"特性。本章引入主风险投资机构与创业企业之间的地理距离作为调节变量，分析不同特征的风险投资对创业企业技术创新的影响是否受地理距离远近的影响。

5.1 研究设计

5.1.1 样本选择

本章选取 2009 年 10 月至 2012 年 10 月在我国创业板上市的公司作为研究对象，财务指标数据设定为 2010 年 12 月 31 日至 2017 年 12 月 31 日。对于风险投资的识别与确定、专利数据来源与处理同 4.2.1 节。另外，本章研究的地理距离是指主导风险投资机构注册地与创业企业注册地之间的空间距离，通过二者之间的经纬度计算所得，经纬度数据来源于 Wind 资讯。

在数据处理过程中，部分公司数据缺失较多予以剔除，对于个别年份缺失的数据采用线性插值法进行补齐。另外，为了排除异常值的影响，本书对连续变量在上下 1% 水平上进行了缩尾处理，并且对交互变量进行了中心化处理。通过整理本书共有 345 个企业，2 542 个样本，其中 210 个企业有风险投资介入，135 个企业没有风险投资介入。

本章选用的样本企业和风险投资机构分别按照中国证监会行业分类标准和区域分布进行了统计分析，具体如表 5-1、表 5-2 所示。

表 5-1 样本企业行业分布

行业代码	样本数	占比（%）	行业类别
Indu_A	32	1.26%	农、林、牧、渔业
Indu_B	22	0.87%	采掘业
Indu_C	1 752	68.92%	制造业
Indu_D	12	0.47%	电力、燃气及水的生产和供应业
Indu_E	23	0.90%	建筑业
Indu_F	37	1.46%	批发和零售贸易业
Indu_G	479	18.84%	信息传输、软件与信息技术服务业
Indu_H	53	2.08%	租赁与商业服务业
Indu_I	66	2.60%	社会服务业
Indu_J	27	1.06%	传播与文化产业
Indu_K	39	1.53%	综合类

表 5-2 样本企业与风险投资机构的区域分布

地区		样本企业		风险投资机构	
区域代码	区域名称	样本数	占比（%）	样本数	占比（%）
District1	东部	2 006	78.91	570	80.06
District2	中部	337	13.26	64	8.99
District3	西部	199	7.83	78	10.96

备注：按国家批复的区域发展规划中所界定的范围和本研究的需要，本书中的东部地区包括北京、天津、河北、辽宁、上海、江苏、浙江、福建、山东、广东、海南11个省（区、市）；中部地区包括黑龙江、吉林、山西、安徽、江西、河南、湖北、湖南8个省；西部地区包括内蒙古、广西、重庆、四川、贵州、云南、陕西、甘肃、青海、宁夏、新疆、西藏12个省（区、市）。

5.1.2 模型构建

本章主要研究地理距离、风险投资对企业创新绩效的影响，基于前文的理论分析，检验模型设定如式（5-1）：

$$Y_{it} = \alpha_0 + \beta_1 distance_{it} + \beta_2 vc_{it} \times distance_{it}$$
$$+ \omega controls_{it} + indu_i + year_t + area_i + \varepsilon_{it} \quad (5-1)$$

其中，Y 为被解释变量技术创新，包括专利申请量（ln$patent$）和研发投入（$research$）；vc 为解释变量风险投资、风险投资背景或者风险投资策略；$distance$ 为解释变量地理距离；$controls$ 为控制变量，包括 ln$size$、tag_ratio、e_ratio、lnage；ε_{it} 为随机误差项；$indu$、$year$ 和 $area$ 为虚拟变量；α_0、β_1、β_2、ω 分别为各个变量对应的系数；i 和 t 分别表示企业与年份。

5.1.3 变量设定

本书研究的变量主要包括被解释变量、核心解释变量、控制变量三种，相关变量的选取与设定如下。

5.1.3.1 被解释变量

技术创新为本章的被解释变量，分别用专利申请量（ln$patent$）和研发投入（$research$）来表示。通常情况下，学者们采用专利申请量、注册商标、TFP 增长等指标来衡量企业技术创新。本章根据数据的可获得性，分别采用专利申请量和研发投入来衡量企业创新能力。其中，对专利申请量进行对数化处理，因部分企业在某些年份没有专利申请，其专利申请数据为零，对其取对数可能会产生异常值，本章对所有专利数据加 1 后再取对数；研发投入用 R&D 经费支出占企业营业收入的比值来衡量。

5.1.3.2 核心解释变量

本章的核心解释变量分别为风险投资（vc）与地理距离（$distance$）。对于风险投资，通过创业板上市公司前十大股东中是否有风险投资机构来衡量，且风险投资为哑变量。如果前十大股东中有风险投资机构，则 $vc=1$；否则 $vc=0$。另外，本章还考虑了风险投资所有制属性与投资策略两个方面。按照所有制属性的不同，风险投资可以分为国有风险投资、私营风险投资与外资风险投资。如果风险投资为国有风险投资（vc_g），则 $vc\_g=1$；否则 $vc\_g=0$；如果风险投资为私营风险投资，则 $vc\_p=1$；否则 $vc\_p=0$。如果风险投资为外资风险投资，则 $vc\_f=1$；否则 $vc\_f=0$。按照投资策略的不同，风险投资可以分为联合风险投资与独立风险投资。如果投资策略为联合风险投资（vc_joint），则 $vc\_joint=1$；否则 $vc\_joint=0$。如果投资策略为

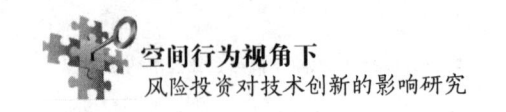

独立风险投资（vc_sep），则 $vc\_sep=1$；否则 $vc\_sep=0$。

已有相关研究表明，地理距离能够影响风险投资介入企业（Fritsch & Schilder，2008；Fritsch & Schilder，2012；董静等，2017），进而影响企业技术创新。对于地理距离的界定，本章借鉴 Tian（2011）的做法，用创业企业注册地与主风险投资机构注册地之间的球面距离来度量。对于地理距离的计算，本书借鉴 Cumming & Dai（2013）的方法，通过以下几个步骤计算。第一，确定主风险投资机构。如果创业企业只有一家风险投资机构，则该机构为主风险投资机构，如果有多家风险投资机构，则持股最多的风险投资机构为主风险投资机构。第二，确定主风险投资机构与企业的注册地，并且根据注册地查找注册地的经纬度。第三，根据主风险投资机构与企业所在地的经纬度计算二者之间的地理距离。其计算公式如式（5-2）所示：

$$distance_{ij} = \arccos\{\cos(Lat_i)\cos(Lon_i)\cos(Lat_j)\cos(Lon_j) \\ + \cos(Lat_i)\sin(Lon_i)\cos(Lat_j)\sin(Lon_j) \\ + \sin(Lat_i)\sin(Lat_j)\}\pi R/180 \qquad (5-2)$$

其中，(Lat_i, Lon_i) 为创业企业注册地的经纬度；(Lat_j, Lon_j) 为风险投资机构注册地的经纬度；R 为地球平均半径。

5.1.3.3 控制变量

除了核心解释变量风险投资与地理距离对创业企业技术创新存在影响，其他因素也可能会对企业技术创新产生影响，本书对这些因素予以控制。

企业规模（$lnsize$）：企业规模是衡量企业大小的重要变量，企业规模的大小在一定程度上会影响企业创新能力，采用企业资产总额的对数来衡量其规模。

资产增长率（tag_rate）：资产增长率是反映企业发展能力和资本积累能力的重要指标，用企业年末总资产的增长额与年初总资产的比值来衡量。

产权比率（e_ratio）：产权比率是评价企业资金结构是否合理的重要指标，用企业负债总额与所有者权益总额的比值来衡量。

企业年龄（age）：企业年龄是企业成立之日起至今的时间，用 2017 年减去成立年份来表示。

行业变量（$indu$）：行业因素是影响企业创新的重要因素之一，按照中国证券业行业分类标准（SIC 二级代码）进行划分，包括 13 个行业。

区位变量（$area$）：区域差异会影响企业创新能力，根据企业注册地所属区域（东部、中部、西部）的虚拟变量进行衡量。

变量选择与说明详见表 5-3。

表 5-3 变量选择与说明

类别	名称	符号	说明
被解释变量	专利申请量	ln$patent$	发明专利、实用新型专利与外观设计专利申请量总和的对数
	研发投入	$research$	研发经费投入与主营业务收入的比值
解释变量	风险投资	vc	$vc=1$ 表示企业有风险投资介入，$vc=0$ 表示无风险投资介入
	地理距离	$distance$	主风险投资机构与企业之间的地理距离，由式（5-2）计算所得
	国有风险投资	vc_g	$vc\_g=1$ 表示企业有国有风险投资介入，$vc\_g=0$ 表示没有国有风险投资介入
	私营风险投资	vc_p	$vc\_p=1$ 表示企业有私营风险投资介入，$vc\_p=0$ 表示没有私营风险投资介入
	外资风险投资	vc_f	$vc\_f=1$ 表示企业有外资风险投资介入，$vc\_f=0$ 表示没有外资风险投资介入
	联合风险投资	vc_joint	$vc\_joint=1$ 表示企业前十大股东中有两个及以上的风险投资，否则为 0
	独立风投	vc_sep	$vc\_sep=1$ 表示企业前十大股东中只有一个风险投资，否则为 0
控制变量	企业规模	ln$size$	企业资产总额的对数
	企业年龄	lnage	2017 年减去企业成立年份的对数
	资产增长率	tag_rate	企业年末总资产的增长额与年初总资产的比值
	产权比率	e_ratio	负债总额与所有者权益总额的比值
	行业变量	$indu$	中国证券业行业分类划分标准，为虚拟变量
	区位变量	$area$	企业注册地所属区域（东部、中部、西部）的虚拟变量

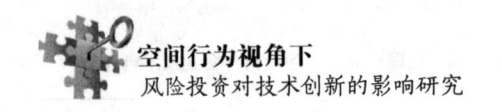

5.2 实证结果分析

5.2.1 描述性统计分析

表5-4报告了主要变量的描述性统计。从结果来看，专利申请量（ln*patent*）和研发投入（*research*）的均值分别为4.174和6.875，说明我国创业板企业创新产出较高，研发投入强度较大。风险投资、国有风险投资、私营风险投资、外资风险投资、联合风险投资与独立风险投资机构的均值分别为0.330、0.105、0.226、0.057、0.203、0.127，表明我国创业板企业中，有33%的企业样本（企业-年）有风险投资介入。其中国有风险投资占比10.50%；私营风险投资占比为22.60%；外资风险投资占比较少，仅为5.70%，并且以联合风险投资为主，独立风险投资为辅，分别占比为20.30%和12.70%。地理距离的均值为6.190，最大值为8.076，说明主风险投资机构与创业企业之间距离对数的平均值为6.19公里。此外，资产总额、总资产增长率、产权比率、行业变量、区位变量和企业年龄的均值分别为21.155、0.459、0.449、4.352、1.289和1.974。

表5-4 主要变量的描述性统计分析

变量	变量代码	样本数	均值	标准差	最小值	最大值
专利申请量	ln*patent*	2542	4.174	0.823	2.197	5.624
研发投入	*research*	2542	6.857	5.847	0.157	35.220
风险投资介入	*vc*	2542	0.330	0.470	0.000	1.000
国有风险投资	*vc_g*	2542	0.105	0.307	0.000	1.000
私营风险投资	*vc_p*	2542	0.226	0.418	0.000	1.000
外资风险投资	*vc_f*	2542	0.057	0.231	0.000	1.000
联合风险投资	*vc_joint*	2542	0.203	0.403	0.000	1.000
独立风险投资	*vc_sep*	2542	0.127	0.333	0.000	1.000
地理距离	ln*distance*	839	6.190	2.341	0.000	8.076
资产总额	ln*size*	2542	21.155	0.772	19.568	23.252

续表

变量	变量代码	样本数	均值	标准差	最小值	最大值
企业年龄	$lnage$	2534	1.974	0.711	0.000	3.178
总资产增长率	tag_ratio	2534	0.459	0.764	−0.167	4.044
产权比率	e_ratio	2542	0.449	0.431	0.030	2.235
行业变量	$indu$	2542	4.352	2.407	1.000	13.000
区位变量	$area$	2542	1.289	0.602	1.000	3.000

表5-5列出了主要变量的相关性系数。从总体上看，地理距离与专利申请量、研发投入的相关系数为负，并且通过1%显著性水平检验。这说明随着地理距离的增加，企业专利申请量和研发投入减少。联合风险投资与企业专利申请量的相关系数在1%水平上显著为正。这说明与独立风险投资相比，联合风险投资机构介入更加能够促进企业创新能力的提升。地理距离与联合风险投资的相关系数在1%水平上显著为正。这说明随着主风险投资机构与创业企业之间地理距离的增加，主风险投资机构更加倾向于选择联合风险投资。此外，风险投资介入、国有风险投资与专利申请量、研发投入在10%水平上呈正相关关系。这说明风险投资介入，特别是国有风险投资介入能够促进我国创业企业的专利产出，这与第4章的研究结论基本一致。行业变量、区位变量与专利申请量、研发投入呈负相关关系，并且通过5%显著性水平检验。这说明制造业、计算机等行业更能够促进企业专利申请量等创新产出，东部地区企业更加能够借助风险投资促进创新，而社会服务业等行业创新能力受风险投资介入的影响较小，西部地区企业也是如此。

表 5-5 主要变量间的相关系数

变量	1	2	3	4	5	6	7	8	9	10	11	12	13	14
ln*patent*	1.000													
research	0.024	1.000												
vc	0.010*	0.055***	1.000											
vc_g	0.024**	0.047**	0.489***	1.000										
vc_p	0.021	0.022	0.769***	0.149***	1.000									
vc_f	0.003	0.017	0.349***	−0.007	−0.027	1.000								
vc_joint	0.021***	0.044**	0.720***	0.247***	0.461***	0.176***	1.000							
vc_sep	0.011	0.025**	0.543***	0.393***	0.530***	0.280***	−0.192***	1.000						
ln*distance*	−0.021***	−0.038***	0.492***	0.015	0.087***	−0.089***	0.041**	−0.041	1.000					
ln*size*	0.194***	0.101***	0.005	−0.002	−0.007	0.014	0.036*	−0.036**	−0.082**	1.000				
ln*age*	0.052***	0.033*	0.022	0.023	0.023	0.012	−0.020	0.055***	0.044	−0.066***	1.000			
e_ratio	0.103***	−0.230***	−0.058***	−0.032	−0.029	−0.033	−0.032	−0.044**	−0.082**	0.454***	−0.011	1.000		
indu	−0.159***	−0.077***	−0.085***	−0.067***	−0.025	−0.070***	−0.041**	−0.071***	0.034	0.067***	0.060***	0.054***	1.000	
area	−0.028	−0.044**	0.021	0.007	0.039**	−0.072***	0.027	−0.002	−0.040	−0.057***	−0.079***	0.018	−0.098***	1.000

备注：***、**、*分别表示在1%、5%、10%水平上显著。

5.2.2 实证分析

本书主要分析风险投资介入对企业技术创新的影响是否受地理距离远近的影响。具体思路如下：首先，分析不同背景的风险投资是否受地理距离的影响。风险投资主要包括国有风险投资、私营风险投资和外资风险投资，而不同背景风险投资对企业创新的影响可能受地理距离的影响。其次，分析不同投资策略的风险投资对技术创新的影响是否受地理距离的影响。投资策略主要包括联合风险投资和独立风险投资，不同类型的风险投资策略受地理距离的影响不同（董静等，2017）。最后，为了检验结果的稳健性，本书采用研发投入代替专利申请量进行了稳健性检验。

5.2.2.1 风险投资股权背景的异质性

表5-6报告了风险投资背景、地理距离对企业技术创新影响的回归结果。其中，模型（1）是包括地理距离与控制变量的回归结果，模型（2）是在模型（1）基础上加入了地理距离与国有风险投资交互项的回归结果，模型（3）是在模型（1）基础上加入了地理距离与私营风险投资交互项的回归结果，模型（4）是在模型（1）基础上加入了地理距离与外资风险投资交互项的回归结果。

表5-6 风险投资背景、地理距离与技术创新的回归结果

变量	（1）	（2）	（3）	（4）
$\ln distance$	−0.3420* （−1.91）	−0.3834** （−1.99）	−0.0217 （−1.07）	−0.3539* （−1.91）
$\ln distance * vc\_g$		−0.2260*** （−2.58）		
$\ln distance * vc\_p$			−0.2727** （−2.38）	
$\ln distance * vc\_f$				−0.1201 （−0.25）
$\ln asset$	0.3043*** （4.83）	0.3035*** （4.81）	0.3096*** （4.89）	0.3052*** （4.83）
tag_rate	−0.1249*** （−3.38）	−0.1258*** （−3.40）	−0.1250*** （−3.39）	−0.1251*** （−3.38）

续表

变量	(1)	(2)	(3)	(4)
lnage	−0.1001 (−1.45)	−0.1038 (−1.49)	−0.1020 (−1.46)	−0.1007 (−1.45)
e_ratio	−0.1661 (−1.40)	−0.1669 (−1.40)	−0.1701 (−1.43)	−0.1664 (−1.40)
常数项	−4.7847** (−2.54)	−5.0484*** (−2.60)	−2.6341 (−1.08)	−4.8896** (−2.52)
行业固定效应	是	是	是	是
年份固定效应	是	是	是	是
区域固定效应	是	是	是	是
$Adj\text{-}R^2$	0.1487	0.1469	0.1396	0.1478
N	735	735	735	735

备注：***、**、*分别表示在1%、5%、10%水平上显著，括号中的数值为t值。

从表5-6模型（1）的检验结果看，地理距离的系数为−0.3420，并且通过10%显著性水平检验。这说明主风险投资机构与创业企业之间的地理距离每增加1%，企业专利申请量会减少0.34%。换句话说，地理距离对企业技术创新存在显著的负向影响，距离越远，风险投资介入对企业技术创新的影响越弱。

模型（2）加入了地理距离与国有风险投资的交互项，地理距离的系数为−0.3834，并且在5%显著性水平上为负，地理距离对企业创新有负向影响。这与模型（1）的结果一致，并且地理距离与国有风险投资交互项系数为−0.2260，通过1%显著性水平检验，国有风险投资介入后地理距离对技术创新的处理效应为−0.3834。这说明国有风险投资介入对企业技术创新的影响更受地理距离的影响。其交互项系数为−0.2260，说明主风险投资机构与创业企业之间的地理距离每增加1%，国有风险投资介入的企业创新产出会降低0.41%。可能的原因是，国有风险投资机构更受体制政策的影响，一般具有政策导向性，具有更强的发明取向和更长的投资时间，能够把主要资源投向研发等活动。但是若地理距离远，国有风险投资机构无法更好地监督企业进行研发创新，进而影响企业的创新产出。

模型（3）在模型（1）基础上加入了地理距离与私营风险投资的交互项。回归结果显示，地理距离的系数为−0.0217，尽管这一估计值不具有统计显著性，但是还是能够说明地理距离与企业创新呈负向关系，这与模型（1）和模型（2）的结果一致。私营风险投资与地理距离的交互项系数为-0.2727，并且通过5％显著性水平检验，私营风险投资介入后地理距离对技术创新的处理效应为-0.0833。这表明私营风险投资介入的创业企业，地理距离每增加1％，会使企业专利申请量等创新产出减少0.08％，但是减少比例小于国有风险投资介入的创业企业。由此可以认为，地理距离的远近更加能够影响私营风险投资介入企业的创新能力，一方面与国有风险投资相比，私营风险投资资金来源不同，对创业企业的技术创新的贡献度有着显著差异；另一方面，私营风险投资与国有风险投资的投资动机不同，也会造成技术创新产出的显著差异。

模型（4）在模型（1）基础上加入了外资风险投资与地理距离的交互项。从检验结果看，地理距离的系数在10％水平上显著负相关，其系数为-0.3539。这说明地理距离对企业技术创新产生显著的负向影响，距离越远，创新产出越少。这与模型（1）、模型（2）和模型（3）的检验结果一致。外资风险投资与地理距离的交互项系数为-0.1201，尽管未通过显著性水平检验，但是还是能够说明外资风险投资介入的企业也受地理距离远近的影响，但是与私营风险投资和国有风险投资相比，外资风险投资受地理距离影响更弱。造成以上结果的可能原因是，不同背景的风险投资在投资动机、资源获取、管理运营等方面存在显著差异，外资风险投资通过全球市场寻求更好的创业项目，在短期内追求高科技、高收益是其主要投资目标，而专利等技术创新产出时间较长，并不是外资风险投资的主要目标和追求，从而对企业技术创新的影响并不显著，而国有风险投资和私营风险投资一般具有政策导向，担负着推动地区经济发展、区域科技进步等责任，因此对企业技术创新具有显著的影响，并且受地理距离的影响。

从其他控制变量来看，企业规模对企业技术创新存在显著的正向影响，4个模型全部通过1％显著性水平检验。这说明企业资产规模越大，投入研发创新的费用会越多，进而促进企业科技创新的产出。资产增长率的系数在1％水平上显著为负，说明资产增长太快，并不利于企业创新的产出，反而会抑制企业创新。企业年龄对企业技术创新的影响并不显著，可能的原因是本书选用的创业板企业大多数成立时间较短，企业年龄对技术创新的影响并未显现。产权比率对企业专利申请量等技术创新指标的影响也不显著。

总之，地理距离能够显著地影响企业技术创新，与外资风险投资相比，国有风险投资和私营风险投资对企业技术创新的影响更受地理距离的影响，距离越远，企业创新产出越少，并且国有风险投资受地理距离的影响更加明显。

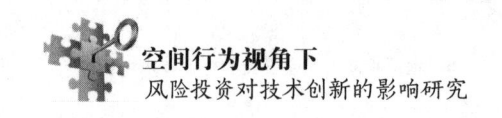

5.2.2.2 风险投资策略的异质性

表 5-7 列出了风险投资策略、地理距离对企业技术创新影响的回归结果。模型（1）包括地理距离与控制变量的检验结果，模型（2）包括地理距离、联合风险投资与地理距离交互项的检验结果，模型（3）是包括地理距离、独立风险投资与地理距离的检验结果。

表 5-7 风险投资策略、地理距离与企业技术创新的回归结果

变量	(1)	(2)	(3)
$\ln distance$	−0.3420* (−1.91)	−0.2609** (−2.28)	−0.4427** (−2.05)
$\ln distance * vc\_joint$		−0.2714*** (−3.83)	
$\ln distance * vc\_sep$			−0.3714* (−1.83)
常数项	−4.7847** (−2.54)	−4.2686** (−2.15)	−5.5531*** (−2.64)
控制变量	是	是	是
行业固定效应	是	是	是
年份固定效应	是	是	是
区域固定效应	是	是	是
$Adj\text{-}R^2$	0.1487	0.1537	0.1538
N	735	735	735

备注：***、**、*分别表示在1%、5%、10%水平上显著；括号中的数值为 t 值。

从表 5-7 模型（1）、模型（2）和模型（3）的地理距离系数来看，地理距离系数在 10% 显著性水平上全部为负。这说明主风险投资机构与创业企业之间的地理距离对企业专利申请量等创新产出会产生显著的负向影响，地理距离越远，风险投资介入对企业技术创新的影响越弱。这与前文的研究结论一致。

从模型（2）加入地理距离与联合风险投资的检验结果来看，地理距离的系数为 −0.2609，在 5% 显著性水平上为负，说明对于不同投资策略的风险投资来说，地理距离仍然会对技术创新产生影响，地理距离每增加 1%，会使企业技术创新减少约 0.26%。从联合风险投资与地理距离的交互项来看，其系

数为-0.2714，通过1%显著性水平检验，并且联合风险投资机构介入后地理距离对企业技术创新的处理效应为-0.2609，这说明风险投资机构采取联合风险投资策略时，地理距离每增加1%，会降低企业技术创新产出约0.32%。出现以上情况可能的原因是，随着主风险投资机构与创业企业之间距离的增加，风险投资机构更加倾向于采取联合风险投资（Mikko & Markku，2014）。随着地理距离增加，风险投资机构难以融入创业企业所在地的"关系网络"，与创业企业之间的信息不对称问题加剧，难以全面获取企业的经营管理等重要信息，从而在一定程度上增加了风险投资机构与企业之间的交易成本、代理成本等，影响了企业创新研发投入等，进而影响了企业的科技创新能力（董静等，2017）。

模型（3）加入了独立风险投资与地理距离的交互项的检验结果。从结果来看，加入独立风险投资后，地理距离的系数为-0.4427，通过5%显著性水平检验，这说明地理距离的远近能够影响企业技术创新的产出。独立风险投资策略与地理距离交互项的系数为-0.3714，在10%显著性水平上显著，地理距离对企业技术创新的处理效应为-0.4427，即主风险投资机构与创业企业之间距离每增加1%，会促使创业企业专利申请量等创新产出降低0.49%。另外，与联合风险投资策略与地理距离的交互项相比，独立风险投资与地理距离交互项的系数明显变大。这说明独立风险投资更加受地理距离远近的影响。主要的原因是，联合风险投资策略可以使不同的风险投资机构之间共同分摊风险和代理成本，能够实现不同机构之间的网络关系衔接，实现不同风险投资机构之间的资源和信息共享。而对于独立风险投资策略来说，只有一家风险投资机构参与投资，由于距离增加会增加风险投资机构的监督管理成本，甚至不能有效地监督企业创新研发等情况，因此，独立风险投资比联合风险投资更受地理距离远近的影响。

总之，地理距离对企业技术创新会产生显著的负向影响，主风险投资机构与创业企业之间的距离越远，越不利于企业创新能力的提升。从不同投资策略来讲，无论联合风险投资还是独立风险投资，都会受地理距离远近的影响，但是独立风险投资机构更受地理距离远近的影响。

5.3 稳健性检验

前文研究结果显示，不同背景和投资策略的风险投资对企业技术创新有显

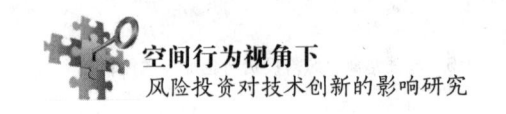

著的促进作用，并且受地理距离远近的影响。但是这种关系可能是指标选择、对比偏差等造成的，因此本书选用更换被解释变量和解释变量的方式进行稳健性检验。

5.3.1 更换技术创新评价指标

前文采用专利申请量来度量企业技术创新，为了检验结果的稳健性，本部分采用研发经费投入来评价企业技术创新能力，检验结果如表5-8所示。从回归结果看，地理距离的系数全部为负，并且全部通过10％显著性水平检验，地理距离与国有风险投资［模型（2）］、私营风险投资［模型（3）］的交互项系数在5％水平上显著为负，地理距离与联合风险投资［模型（5）］的系数也显著为负。地理距离与外资风险投资［模型（4）］、地理距离与独立风险投资［模型（6）］的系数为负，但是没有通过显著性检验。综上所示，更换技术创新的评价指标后，实证结果依然具有较强的稳健性。

表5-8 稳健性检验：更换技术创新指标

变量	(1)	(2)	(3)	(4)	(5)	(6)
$\ln distance$	−0.6810*** (−2.67)	−0.3127** (−2.30)	−0.4169** (−2.34)	−0.3787*** (−3.73)	−0.4478* (−1.90)	−0.2437** (−2.21)
$\ln distance * vc\_g$		−0.3664** (−2.39)				
$\ln distance * vc\_p$			−0.3074** (−2.44)			
$\ln distance * vc\_f$				−0.3807 (−1.34)		
$\ln distance * vc\_joint$					−0.3494*** (−2.88)	
$\ln distance * vc\_sep$						−0.4475 (−0.88)
控制变量	是	是	是	是	是	是
行业固定效应	是	是	是	是	是	是
年份固定效应	是	是	是	是	是	是
区域固定效应	是	是	是	是	是	是
$Adj\text{-}R^2$	0.1465	0.1540	0.1533	0.1471	0.1455	0.1476

续表

变量	(1)	(2)	(3)	(4)	(5)	(6)
N	735	735	735	735	735	735

备注：***、**、*分别表示在1%、5%、10%水平上显著，括号中的数值为 t 值。

5.3.2 更换风险投资的评价方式

考虑到风险投资介入、风险投资背景、风险投资策略为虚拟变量，较难找到其他合适的变量进行替换，本研究选用风险投资持股比例来代替，包括国有风险投资持股比例、私营风险投资持股比例、外资风险投资持股比例、联合风险投资持股比例、独立风险投资持股比例等，具体的检验结果如表5-9所示。回归结果显示，除了模型（2），其他所有模型的地理距离与企业技术创新之间呈负相关关系（p 值小于10%），地理距离与国有风险投资的交互项、地理距离与私营风险投资的交互项在5%的显著性水平上为负，而外资风险投资与地理距离的交互项并不显著；另外，地理距离与联合风险投资、独立风险投资的交互项全部显著为负。这与上文的研究结论基本一致，说明本研究的研究结果具有稳健性。

表5-9 风险投资、地理距离与技术创新（更换风险投资指标）

变量	(1)	(2)	(3)	(4)	(5)
ln$distance$	−0.3505*** (−2.91)	−0.2340 (−1.22)	−0.3593** (−1.96)	−0.3383* (−1.84)	−0.3051* (−1.69)
ln$distance * vc\_g$	−0.0485** (−2.22)				
ln$distance * vc\_p$		−0.0467** (−2.39)			
ln$distance * vc\_f$			−0.0157 (−0.47)		
ln$distance * vc\_joint$				−0.0231** (−2.10)	
ln$distance * vc\_sep$					−0.0118* (−1.81)
控制变量	是	是	是	是	是
行业固定效应	是	是	是	是	是

续表

变量	(1)	(2)	(3)	(4)	(5)
年份固定效应	是	是	是	是	是
区域固定效应	是	是	是	是	是
$Adj\text{-}R^2$	0.1499	0.1432	0.1470	0.1480	0.1501
N	735	735	735	735	735

备注：***、**、* 分别表示在1%、5%、10%水平上显著，括号中的数值为 t 值。

5.4 小结

本章以我国2009年10月至2012年10月在创业板上市的公司作为研究对象（财务数据时间跨度为2010年12月31日至2017年12月31日），实证检验了地理距离、风险投资对企业技术创新的影响，得出以下主要结论。

地理距离对企业技术创新会产生显著的负向影响，与外资风险投资机构相比，国有风险投资和私营风险投资对企业技术创新的影响更受地理距离的影响。距离越远，企业创新产出越少，并且国有风险投资受地理距离的影响更加明显。

主风险投资机构与创业企业之间的距离越远，越不利于企业创新能力的提升。从不同投资策略来讲，无论联合风险投资还是独立风险投资，都会受地理距离远近的影响，但是独立风险投资机构更受地理距离远近的影响。

采用更换被解释变量和解释变量的方式进行了稳健性检验，检验结果稳健，即风险投资介入对企业技术创新的作用受地理距离远近的影响，并且随着距离的增加，企业技术创新产出减弱。

6 高铁通车、风险投资与城市技术创新[①]

[①] 本章部分内容发表在：Zhang W K, Tian X L, Yu A. Is high-speed rail a catalyst for the fourth industrial revolution in China? story of enhanced technology spillovers from venture capital [J]. Technological Forecasting and Social Change, 2020, 161: 120286.

6 高铁通车、风险投资与城市技术创新

我国高铁技术的成就举世瞩目。我国已进入高铁时代，各个城市之间的地理距离大大"缩短"，重塑了我国区域经济增长和创新能力提升的格局。高铁通车是风险投资影响企业技术创新的外生变量。地理距离增加了风险投资机构的投资风险和经营成本，但是随着各个城市的高铁通车，城市间的时空距离进一步压缩，风险投资机构可以方便快速地与高铁通车城市的创业企业进行交流和实地考察，对投资项目进行筛选，对被投资企业进行监督、管理和指导等，有效地提高风险投资机构的运用效率，降低了投资风险。高铁通车可有效地提高我国风险投资资源的配置效率，压缩城市间的时空距离，提高风险投资与企业之间面对面交流的灵活性，降低风险投资机构与创业企业的信息交流成本，有利于改变风险投资的邻近距离投资偏好。

本书以高铁通车这一"准自然实验"，将高铁通车作为外生冲击变量来研究风险投资介入对区域技术创新的影响。高铁通车可以看作一项"准自然实验"，主要原因包括：第一，高铁建设是一项国家战略，由中央政府负责综合规划，风险投资和地方政府对于高铁线路、是否开通高铁无法产生影响（张俊，2017；龙玉等，2017）；第二，目前，我国高铁网络主要以直辖市、省会和副省级城市等中心城市为区域中心，非中心城市是否开通高铁主要受中心城市的影响，并且这些城市创新能力的提升并不是决定高铁开通的直接原因。本书借鉴董艳梅和朱英明（2016）、龙玉等（2017）、卞元超等（2018）等学者的经验，采用倾向匹配得分（PSM）和双重差分模型（DID）考察高铁通车是否影响风险投资介入对区域技术创新的处理效应。为了研究高铁通车对风险投资和区域技术创新的影响，本书选取 2005—2017 年我国 277 个地级市城市的面板数据为样本，分别采用 PSM-DID 和面板模型分析了高铁通车后风险投资对技术创新的影响。

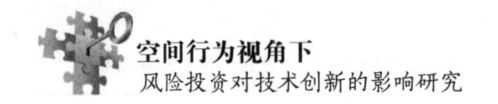

6.1 研究设计

6.1.1 模型设定

双重差分模型（DID）要求选择的样本满足"共同趋势"假设，以防止选择的处理组和对照组样本可能产生"选择性偏误"问题（Khandker et al, 2010）。因此，采用 PSM 模型对处理组和对照组样本进行匹配，以规避样本选择偏差所产生的影响。在此基础上，基于匹配后的处理组和对照组样本，采用 DID 模型进一步降低因遗漏变量问题所导致的内生性估计偏误。本书以开通高铁的城市为处理组，未开通高铁的城市为对照组来检验高铁通车这一外生变量对风险投资和区域技术创新的影响。

6.1.1.1 PSM 配对样本检验

在构建双重差分模型之前要求选择的样本满足"共同趋势"假设，本书选择 PSM 模型进行样本配对，具体方法是：通过 PSM 方法计算城市的倾向匹配得分（PS），然后通过 PS 值选择与处理组特征相似的城市作为对照组，这两组城市除是否开通高铁外，在其他方面相近或者比较相似，通过比较处理组和对照组城市之间技术创新的差异，能够分析风险投资介入对地区技术创新的影响是否受高铁开通的影响。为了使处理组和对照组城市满足"平行性"假设，本书选用 1∶1 最邻近匹配的方法构建对照组，利用 Logit 回归模型来计算高铁开通的概率，即倾向得分值。模型设定如（6-1）所示：

$$p(\boldsymbol{X}_i) = Pr[hs\_rail_i = 1 \mid \boldsymbol{X}_i] = \frac{\exp(\beta \boldsymbol{X}_i)}{1 + \exp(\beta \boldsymbol{X}_i)} \quad (6-1)$$

其中，$p(\boldsymbol{X}_i)$ 为高铁开通的概率，即城市的倾向得分值。$\boldsymbol{X}_i$ 为影响城市高铁开通的多维特征向量。β 为多维特征向量对应的系数。hs_rail_i 为指标变量，如果城市开通高铁，则 $hs\_rail_i = 1$；如果城市未开通高铁，则 $hs\_rail_i = 0$。本书借鉴龙玉等（2017）、卞元超等（2018）的做法，进行 PSM 匹配时选用的协变量包括人均 GDP、产业结构、市场化指数、IPO 数目，通过模型（6-1）可以计算出每个城市的倾向得分 PS 值。可以根据倾向得分值，从对照组样本中为处理组匹配一个最相似的未开通高铁的城市，并且通过用 ATT 评估处理组与对照组的技术创新差异来探讨高铁通车是否影响风险投资介入对技术创新的作用。

6.1.1.2 双重差分模型（DID）

在 PSM 匹配出处理组和控制组后，通过构建 DID 模型来检验高铁开通对风险投资与技术创新的影响，具体模型设定如（6-2）所示：

$$inno_{it} = \alpha_i + \beta_1 hs\_rail_{it} + \beta_2 hs\_after_{it} + \beta_3 hs\_rail_{it} * hs\_after_{it} \\ + \beta_4 \bar{vc}_{it} + \lambda_i Z_{it} + \delta_t + \theta_i + \varepsilon_{it} \tag{6-2}$$

其中，$inno_{it}$ 为被解释变量技术创新，为某城市某年的专利申请总量的对数（$\ln patent$）；hs_rail、hs_after、$\bar{vc}$ 为解释变量，其中 hs_rail 和 hs_after 为虚拟变量，分别表示某城市是否为高铁城市（$hs\_rail = 1$ 表示某城市开通了高铁，$hs\_rail = 0$ 表示某城市没有开通高铁）、是否为高铁开通之后（$hs\_after = 1$ 表示某城市高铁通车之后的年份，$hs\_after = 0$ 表示某城市高铁通车之前的年份）；$\bar{vc}$ 为风险投资变量，本书分别选用风险投资总额的对数（$\ln vc\_money$）和风险投资数量的对数（$\ln vc\_number$）来评价；$hs\_rail * hs\_after$ 为核心解释变量，即高铁是否通车 hs_rail 与通车之后 hs_after 的交互项，表示高铁通车对处理组和对照组的影响差异；Z 为控制变量，分别为经济发展水平 $\ln rgdp$（用人均 GDP 的对数来表示）、产业结构 $stru\_indu$（用第二产业产值与 GDP 的比值来表示）、市场化程度 $market$（参考樊纲市场化指数所得）、金融深化程度 $\ln ipo$（用 A 股首次公开发行的公司数量的对数来衡量）；$\beta_1, \beta_2, \cdots, \beta_4$ 为解释变量对应的系数；λ_i 为控制变量对应的系数；i 和 t 分别表示城市和年份；δ_t 为时间效应变量；θ_i 为城市效应变量；ε_{it} 为随机误差项，且服从 $idd \sim N(0,1)$。

6.1.2 变量选取

本书研究的变量主要包括被解释变量、主要解释变量、控制变量等，具体设定如下所示。

6.1.2.1 被解释变量

城市技术创新（$inno$）是指一个城市将新知识转化为新产品、新工艺、新服务的能力，其核心是促进创新机构间的互动和联系，表现为对区域社会经济系统的贡献能力。本书选用专利申请量（ln*patent*）来衡量城市技术创新。另外，根据《中华人民共和国专利法》的规定，专利主要包括发明专利、实用新型专利与外观设计专利等三种不同类型，其中发明专利比实用新型和外观设计具有更高的含金量，本书在评价企业创新绩效时，不仅考虑了城市技术创新（ln*patent*），还考虑了突破性创新水平（ln*br_inno*）与渐进性创新水平（ln*gr_inno*）。其中突破性创新水平用发明专利申请量来衡量，渐进性创新水平用实用新型专利与外观设计专利申请量来衡量，并且对所有专利数据取对数。因为部分城市在某些年份没有申请专利，其专利申请数据为零，对其取对数可能会产生异常值，本书对所有专利数据加1后再取对数。

6.1.2.2 解释变量

高铁通车是本书研究的解释变量。采用高铁通车这一准自然实验方法，包括某城市高铁是否通车（*hs_rail*）和高铁开通之后的年份（*hs_after*）及二者之间的交互项（*hs_rail*hs_after*）。其中，对于城市高铁通车的界定，主要以该城市是否有高铁站（包括高铁停靠的普通车站）；对于城市高铁通车时间的界定，主要以该城市高铁开通的较早年份为准。

风险投资是本书研究的另一核心解释变量。对于城市风险投资分别采用风险投资数量（ln*vc_number*）和风险投资金额（ln*vc_money*）进行衡量。因为部分城市在某些年份风险投资数量和金额为零，直接取对数可能会产生异常值，本书对风险投资金额和风险投资金额分别加1后再取对数。

6.1.2.3 控制变量

事实上，尽管高铁通车、风险投资对区域技术创新会产生影响，但是也受到其他因素的约束或影响。本书对一些可能影响区域技术创新的因素进行控制，这些因素有经济发展水平、产业结构、市场化程度、金融深化程度。

经济发展水平（ln*rgdp*）：一个地区的经济发展对区域技术创新有重要影响。我国各地区经济发展不平衡，地区之间的经济发展水平和技术创新能力存在显著差异。本书选用人均GDP的对数来度量地区经济发展水平。

产业结构（*stru_indu*）：在我国经济发展过程中，第二产业产值占GDP比重逐年上升，第二产业升级有利于优化产业结构和提升科技创新能力。因此，产业结构是影响科技创新的因素，本书选取第二产业产值占GDP比重来度量产业结构。

市场化程度（market）：地区市场化环境会对风险投资和区域经济发展产生影响。本书借鉴樊纲等编写的《中国市场化指数》中的市场化综合指数对各地区的市场化程度进行度量。由于目前公布的《中国市场化指数》截止年份为2014年，2015年至2017年的数据采用线性插值法进行补齐。

金融深化程度（$\ln ipo$）：金融深化能够有效地动员和配置社会资金，降低交易成本和信息不对称，促进经济发展，经济发展又可以反过来刺激金融发展。高效的金融体系能够有效地解决企业融资难和融资贵问题，保障企业增加研发投入，提高科技创新能力。本书采用城市首次公开发行股票数量的对数来衡量。变量的选择与说明详见表6-1。

表6-1 变量选择与说明

类别	名称	符号	说明
被解释变量	城市技术创新	$\ln patent$	各城市发明专利、实用新型专利与外观设计专利申请量的总和
	突破式创新水平	$\ln br\_inno$	各城市发明专利申请量的对数
	渐进性创新水平	$\ln gr\_inno$	各城市实用新型和外观设计专利申请量的对数
解释变量	高铁通车	hs_rail	$hs\_rail=1$ 表示城市开通了高铁，$hs\_rail=0$ 表示城市没有开通高铁
	高铁通车之后	hs_after	$hs\_after=1$ 表示城市高铁通车之后的年份，$hs\_after=0$ 表示城市高铁通车之前的年份
	风险投资数量	$\ln vc\_number$	各城市风险投资数量的对数
	风险投资金额	$\ln vc\_money$	各城市风险投资金额的对数
控制变量	经济发展水平	$\ln rgdp$	各城市人均GDP的对数
	产业结构	$stru\_indu$	各城市第二产业产值占GDP比重
	市场化程度	$market$	各城市市场化综合指数
	金融深化程度	$\ln ipo$	城市首次公开发行股票数量的对数

6.1.3 数据来源与处理

为了研究高铁通车对风险投资和城市技术创新的影响，本书选取2005—2017年我国277个地级市城市的面板数据为样本。对于样本的选取，依据被

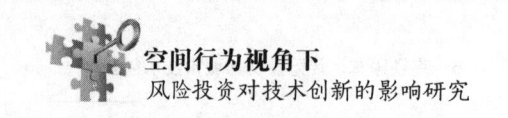

投资企业所在城市,对风险投资金额和风险投资数据进行加总,对于部分没有风险投资介入的城市予以剔除,产生了全国 277 个"城市-年"的面板数据,总共 3 601 个观测值。

专利数据来源于中国研究数据服务平台,主要包括发明专利申请量、实用新型专利申请量和外观设计专利申请量三个方面。风险投资数据来源于 Wind 资讯,并且按照被投资企业注册所在地级市分别对风险投资数量和金额进行了加总,形成每个城市每年的风险投资数量和风险投资金额。高铁站点信息来源于中国研究数据服务平台,包括高铁城市站点与首次开通时间。经济发展水平、产业结构、市场化程度、金融深化程度等都会影响城市技术创新能力的提升,因此本书对以上变量进行了控制,全部数据来源于 Wind 资讯和国泰安。此外,在数据处理过程中,部分城市数据缺失较多故予以剔除,对于个别年份缺失的数据采用线性插值法进行补齐。

表 6-2 报告了风险投资事件按照被投资企业所在地和投资轮次的分布情况。Panel A 和 Panel B 分别按照被投资企业所在地和投资轮次进行了分类报告。从 Panel A 来看,风险投资事件主要集中在东部高铁城市,达到 17 903 件,超过总投资事件的 80%,中部和西部城市风险投资事件较少。从 Panel B 来看,我国风险投资事件主要发生于 A 轮和 B 轮,分别为 10 694 和 4 258 件,占比近 70%;而 C 轮及其以后轮次占比较低。

表 6-2 风险投资地区与轮次分布(2005—2017)

Panel A:按照被投资企业所在地的分布			
地区	高铁城市	非高铁城市	合计
东部	17 903	432	18 335
中部	1 107	248	1 355
西部	1 212	176	1 388
合计	20 222	856	21 078
Panel B:按照投资轮次的分布			
地区	高铁城市	非高铁城市	合计
A 轮	10 304	390	10 694
B 轮	4 127	131	4 258
C 轮	1 674	90	1 764
D 轮	710	29	739

续表

其他	3 407	216	3 623
合计	20 222	856	21 078

备注：按国家批复的区域发展规划中所界定的范围和本书研究的需要，本书中的东部地区包括北京、天津、河北、辽宁、上海、江苏、浙江、福建、山东、广东、海南11个省（区、市）；中部地区包括黑龙江、吉林、山西、安徽、江西、河南、湖北、湖南8个省；西部地区包括内蒙古、广西、重庆、四川、贵州、云南、陕西、甘肃、青海、宁夏、新疆、西藏12个省（区、市）。

表6-3是全部样本的描述性统计分析结果。从结果来看，城市技术创新的最大值为11.704，最小值为0，标准差为1.840；突破性创新的最大值为10.711，最小值为0，标准差为1.812；渐进性创新的最大值为11.138，最小值为0，标准差为1.964。这说明各城市间的技术创新、突破性创新和渐进性创新差距较大。高铁通车的均值为0.599，说明全样本中大约60%的城市开通了高铁。样本城市中的风险投资金额对数的均值为0.459，最大值为8.319，最小值为0；风险投资数量对数的均值为0.587，最大值为7.169，最小值为0。样本城市人均GDP对数的均值为10.274，最大值为12.320，最小值为7.782，说明各个城市间的人均GDP差距较大。市场化指数的均值为6.275，最大值为10.940，最小值为-0.300，标准差为1.686，说明各个城市间的市场化程度存在较大的差异。

表6-3 描述性统计结果

变量	样本数	均值	标准差	最小值	最大值
ln$patent$	3 601	6.585	1.840	0.000	11.704
lnbr_inno	3 601	5.775	1.812	0.000	10.711
lngr_inno	3 601	4.940	1.964	0.000	11.138
hs_rail	3 601	0.599	0.490	0.000	1.000
hs_after	3 601	0.312	0.464	0.000	1.000
lnvc_money	3 601	0.459	0.981	0.000	8.319
lnvc_number	3 601	0.587	0.981	0.000	7.169
ln$rgdp$	3 601	10.274	0.744	7.782	12.320
$stru\_indu$	3 601	0.479	0.122	0.000	1.206
$market$	3 601	6.275	1.686	-0.300	10.940
lnipo	3 601	0.209	0.521	0.00	3.714

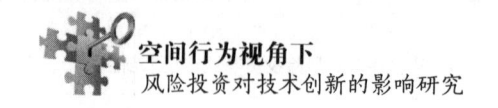

6.2 实证结果分析

6.2.1 倾向匹配得分结果分析

本书采用倾向匹配得分法（PSM）对高铁通车城市与高铁未通车城市进行了匹配。为了保证匹配结果的可靠性，要求协变量的分布不存在系统性差异，在处理组与对照组之间是平行的。因此，在匹配前需要进行平行趋势检验，即协变量在处理组与对照组之间是否存在显著差异。

从图6-1 PSM 匹配结果图来看，处理组高铁通车城市与对照组高铁未通车城市的倾向得分值主要集中在 0.10~0.50 之间，高铁通车城市通过倾向得分值与对照组城市基本上得到了匹配。

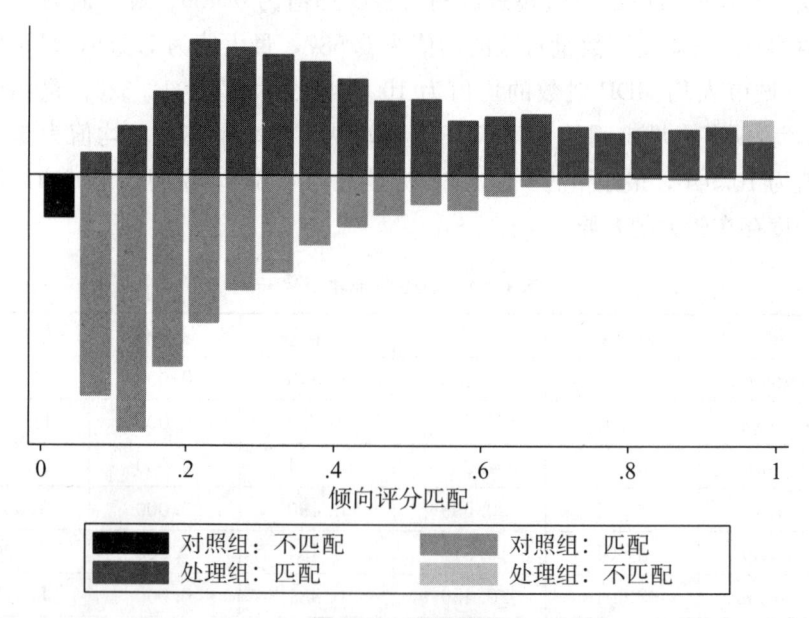

图 6-1 匹配结果

图 6-2 为处理组与对照组样本城市在匹配前后的核密度函数。从图 6-2 (a) 可以看出，在匹配之前，处理组高铁通车城市与对照组高铁未通车城市之间的核密度函数存在显著差异，如果直接使用处理组中所有开通高铁的城市与对照组中没有开通高铁的城市进行比较，会造成结果偏误。因为在比较之前，

处理组城市和对照组城市之间存在显著差异，除了高铁开通，还存在其他因素的显著差异，也会引起各个城市之间的技术创新差异。采用PSM匹配后，如图6-2（b）所示，处理组与对照组的核密度函数线趋于重合，说明经过匹配后，处理组与对照组的特征基本相似。

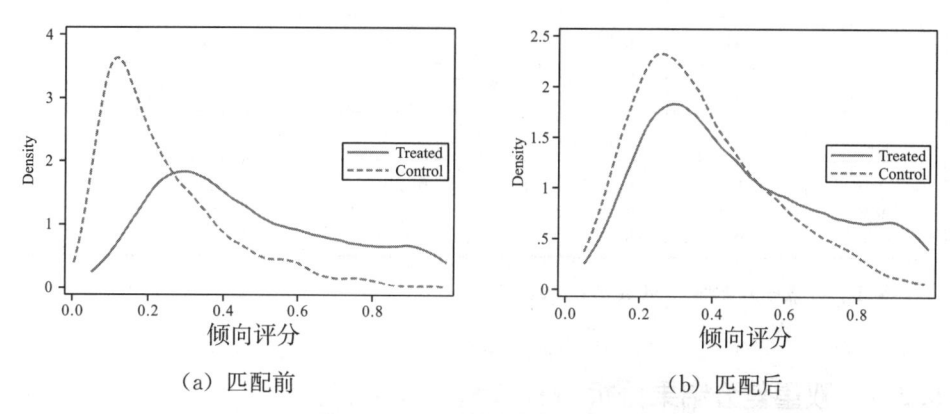

（a）匹配前

（b）匹配后

图6-2 匹配前后的核密度分布

表6-4为各变量的均衡性检验结果。从结果可知，各变量匹配后在处理组和对照组之间是均衡的。在匹配前，经济发展水平（$lnrgdp$）、产业结构（$stru\_indu$）、市场化程度（$market$）、金融深化程度（$lnipo$）等变量的 p 值全部小于5%，说明在匹配前处理组和对照组在5%水平上存在显著差异。但是匹配后，所有变量t检验结果的 p 值全部大于10%，说明处理组与对照组之间不存在显著差异。从偏差值大小来看，在匹配前，处理组与对照组的绝对偏差值全部大于5%，而匹配后绝对偏差全部小于5%，借鉴Rosenbaum & Rubin（1985）的思路，绝对偏差小于5%说明处理组与对照组之间不存在显著差异。总之，经过匹配后，各匹配变量在处理组与对照组之间已经非常相似，所有匹配变量的不平衡性显著降低，满足平衡性检验的要求，能够对处理组与对照组进行比较。

表6-4 匹配变量的均衡性检验结果

变量	匹配状态	均值		偏差		t检验	
		处理组	对照组	偏差值	减少幅度	t 值	p 值
$lnrgdp$	U	10.691	10.085	91.40		24.46	0.000
	M	10.675	10.687	−1.90	97.90	−0.48	0.628

续表

变量	匹配状态	均值 处理组	均值 对照组	偏差 偏差值	偏差 减少幅度	t检验 t值	t检验 p值
$stru\_indu$	U	0.473	0.482	−8.00		−2.15	0.032
	M	0.477	0.476	1.00	87.80	0.24	0.812
$market$	U	7.034	5.931	68.00		19.10	0.000
	M	6.992	6.979	0.80	98.80	0.18	0.856
$\ln ipo$	U	0.468	0.091	66.30		21.36	0.000
	M	0.427	0.414	2.30	96.50	0.44	0.659

备注：U表示匹配前，M表示匹配后。

6.2.2 双重差分结果分析

为了分析风险投资对各城市技术创新的影响是否受高铁通车这一外生变量的影响，本书分别采用全样本城市和匹配后的样本对模型（6−2）进行了双重差分分析，估计结果如表6−5所示。其中，第（1）列、第（3）列和第（5）列为全样本DID估计结果，第（2）列、第（4）列和第（6）列为PSM匹配样本的DID估计结果，对应的因变量分别为各城市技术创新、突破性创新水平和渐进性创新水平。

表6−5　高铁通车对各城市技术创新影响的回归结果

变量	$\ln patent$ 全样本 (1)	$\ln patent$ PSM (2)	$\ln br\_inno$ 全样本 (3)	$\ln br\_inno$ PSM (4)	$\ln gr\_inno$ 全样本 (5)	$\ln gr\_inno$ PSM (6)
DID	0.109*** (4.49)	0.110*** (4.62)	0.150*** (5.09)	0.166*** (5.70)	0.0532** (2.07)	0.0457* (1.82)
$\ln vc\_money$	0.0198** (2.30)	0.0207** (2.40)	0.0261** (2.41)	0.0232*** (3.28)	0.0187** (2.17)	0.0195** (2.25)
$\ln vc\_number$	0.0145*** (2.73)	0.0226** (2.17)	0.0249** (2.03)	0.0270** (2.14)	0.0101** (2.48)	0.0229* (1.92)
$\ln rgdp$	0.418*** (6.64)	0.382*** (5.47)	0.194* (2.55)	0.102 (1.19)	0.438*** (6.61)	0.449*** (6.10)

续表

变量	ln*patent* 全样本 (1)	ln*patent* PSM (2)	ln*br_inno* 全样本 (3)	ln*br_inno* PSM (4)	ln*gr_inno* 全样本 (5)	ln*gr_inno* PSM (6)
stru_indu	−0.763*** (−4.44)	−0.935*** (−4.46)	−0.725*** (−3.48)	−1.093*** (−4.25)	−0.566** (−3.13)	−0.598** (−2.70)
market	0.0927*** (7.27)	0.0803*** (6.39)	0.1190*** (7.71)	0.1100*** (7.12)	0.0953*** (7.10)	0.0805*** (6.06)
ln*ipo*	−0.0768*** (−3.67)	−0.0686*** (−3.29)	−0.0556* (−2.19)	−0.0327 (−1.28)	−0.0815*** (−3.70)	−0.0739*** (−3.36)
常数项	0.4590 (0.82)	0.8260 (1.37)	0.8910 (1.32)	1.6760* (2.27)	0.0860 (0.15)	0.0708 (0.11)
年份固定效应	是	是	是	是	是	是
地区固定效应	是	是	是	是	是	是
Overall-R^2	0.4168	0.3699	0.4641	0.3448	0.4009	0.3647
N	3 601	3 506	3 601	3 506	3 601	3 506

备注：***、**、*分别表示在1%、5%、10%水平上显著，括号中的数值为 *t* 值。

从全样本的 DID 回归结果来看，第（1）列的 DID 为正，并且通过1%显著性水平检验，说明高铁通车对各城市技术创新水平的影响是非常显著的，即与非高铁城市相比，高铁通车对各个城市技术创新水平存在显著的直接影响效应。从第（3）列结果来看，DID 同样在1%显著性水平上为正，说明高铁通车对各个城市突破性创新发明有显著的促进作用，即相对于非高铁城市来讲，高铁通车城市的突破性创新水平迅速提升，二者之间的差距越来越大。从第（5）列结果可知，高铁通车也能显著地促进各个城市渐进性创新水平的提升，即与非高铁城市相比，高铁城市的实用新型专利和外观设计专利数量显著增加。

为了更加准确分析高铁通车这一外生变量对区域技术创新的影响，采用 PSM 对高铁城市和非高铁城市进行匹配，以便更好地满足 DID 回归分析，结果见表6-5第（2）列、第（4）列和第（6）列。从第（2）列可知，DID 在1%水平上显著为正，说明高铁通车能够显著地促进各城市专利申请量等创新水平的提升。这与第（1）列的结果一致，并且系数变化不大，进一步说明高铁通车对城市技术创新水平的提升作用。从第（4）列的结果来看，DID 为0.166，通过1%显著性水平检验，说明高铁通车能够显著地促进各个城市发

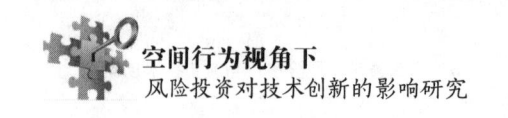

明专利等突破性创新水平，与非高铁通车城市相比，高铁通车城市因高铁通车使发明专利等突破性创新发明大幅度提升。并且与全样本回归结果相比，匹配后样本的回归系数明显变大，说明通过 PSM 匹配更加能够真实地反映高铁通车对突破性创新的直接影响效应。从第（6）列可知，匹配后样本的 DID 系数显著为正，进一步印证了高铁通车能够显著地促进各个城市的渐进性创新水平。但是与全样本结果相比，DID 系数明显变小，说明采用全样本进行分析会高估高铁通车对渐进性创新的直接处理效应。

无论全部样本还是匹配样本，高铁通车能够显著地促进各个城市专利申请量、实用新型专利、外观设计专利等创新能力的提升，这与王垚和年猛（2014）等学者的研究结论基本一致。高铁通车能够加强各个城市之间的联系和交流，吸引优质资源和高级人才集聚，促进城市技术创新能力的提升，但是对非高铁城市来讲，因自身交通基础设施较差，会进一步促进人才等资源流失，将再次恶化科技创新能力，出现"马太陷阱"。

从风险投资金额和风险投资数量来讲，无论全样本还是匹配样本，风险投资金额和风险投资数量均能够显著地促进各个城市技术创新水平、突破性创新和渐近性创新水平提升。从其他控制变量来讲，人均 GDP 在所有模型中的系数为正，并且除第（4）列外，其余全部通过 10% 显著性水平检验，说明经济发展水平能够显著地影响各个城市的创新能力。产业结构的系数在 5% 水平上显著为负，并且 PSM 匹配后的系数显著变大，说明通过 PSM 匹配更加能够反映产业结构对各个城市创新能力的影响，即第二产业占比越大，越不利于科技创新水平的提升。可能的原因是研发投入等属于第三产业范畴，第三产业的发展是驱动各个城市创新能力提升的重要动力。市场化程度系数在 1% 显著性水平上全部为正，说明一个城市的市场化程度越高，越有利于城市创新能力的提升。也就是说，市场化水平越高，企业创新的压力越大，整体创新能力就越强；相反，市场化水平越低，企业创新的压力越小，整体创新能力越弱。

6.3 进一步分析：高铁冲击与风险投资效应

上文采用双重差分模型（DID）分析了高铁通车对城市技术创新的影响。高铁通车能够有效地扩张风险投资的地理可达空间，改善风险投资与被投资企业之间的信息不对称问题。Lerner（1995）认为，美国风险投资机构存在一个"一小时飞行圈"惯例，即风险投资主要投资与其飞行距离在一个小时之内的企业，以便监督和管理。因此，风险投资介入对各个城市技术创新的影响受高铁通车的冲击。为了更加深入地分析高铁通车导致各城市技术创新提升的风险投资效应，本书引入了风险投资与高铁通车的交互项，回归模型如（6-3）所示。

$$inno_{it} = \beta_0 + \beta_1 hs\_rail_{it} + \beta_2 hs\_after_{it} + \beta_3 \ln vc\_money_{it} * hs\_after_{it}$$
$$+ \beta_4 \ln vc\_number_{it} * hs\_after_{it} + \beta_5 \ln vc\_money_{it}$$
$$+ \beta_6 \ln vc\_number_{it} + \lambda_i Z_{it} + \varepsilon_{it} \tag{6-3}$$

其中，$\ln vc\_money * hs\_after$ 和 $\ln vc\_number * hs\_after$ 为风险投资金额、风险投资数量与通车之后的交互项。

6.3.1 风险投资对技术创新的影响

表 6-6 列出了高铁通车、风险投资与城市技术创新量的回归结果。其中，第（1）列和第（2）列分别为只有风险投资数量和风险投资金额的回归结果，第（3）列和第（4）列分别包含风险投资数量、风险投资金额与高铁通车交互项的回归结果，第（5）列包括所有变量的回归结果。

表6-6 高铁通车、风险投资与技术创新的回归结果

变量	(1)	(2)	(3)	(4)	(5)
$hs\_after *$ $\ln vc\_money$				0.0438** (2.34)	0.0590* (1.72)
$hs\_after *$ $\ln vc\_number$			0.0467** (2.37)		0.0506 (1.13)
$\ln vc\_money$		0.0752** (2.55)		0.0302* (1.82)	0.0218* (1.91)
$\ln vc\_number$	0.0709*** (4.07)		0.0989*** (4.80)		0.1230*** (4.28)
hs_rail	0.613*** (5.51)	0.637*** (5.44)	0.601*** (5.53)	0.627*** (5.50)	0.598*** (5.96)
hs_after	0.198*** (6.97)	0.202*** (7.15)	0.206*** (7.18)	0.209*** (7.32)	0.198*** (6.84)
常数项	-8.442*** (-37.34)	-8.549*** (-37.73)	-8.361*** (-36.73)	-8.486*** (-37.35)	-8.313*** (-36.70)
控制变量	是	是	是	是	是

续表

变量	(1)	(2)	(3)	(4)	(5)
地区固定效应	是	是	是	是	是
年份固定效应	是	是	是	是	是
Overall-R^2	0.5874	0.5714	0.5912	0.5742	0.5980
N	3 601	3 601	3 601	3 601	3 601

备注：***、**、*分别表示在1％、5％、10％水平上显著，括号中的数值为 t 值。

从第（1）列可以看出，风险投资数量（$lnvc\_number$）系数在1％水平上显著为正，说明风险投资数量的增加能够促进各个城市专利申请量等创新水平的提升。这一结论与第5章的结论基本一致，即随着风险投资数量的增加，被投资创业企业数量也会相应的增加，且风险投资能够提升企业创新能力，进而影响各城市的技术创新水平。第（3）列在第（1）列的基础上加入了风险投资数量与高铁通车之后年份的交互项（$hs\_after*lnvc\_number$），其系数同样为正，通过5％显著性水平检验，并且 $lnvc\_number$ 系数显著变大，风险投资数量对各个城市专利申请量的处理效应为0.1135，即高铁通车后，风险投资数量增加1％，会促使各个城市专利申请量等创新水平显著提升0.11％。这充分说明，高铁通车能够促进风险投资对各个城市技术创新能力的直接效应影响程度。

从第（2）列可知，风险投资金额（$lnvc\_money$）系数在5％水平上显著为正，说明随着各城市风险投资总额的增加，技术创新能力迅速提升。第（4）列在第（2）列的基础上加入了风险投资金额与高铁通车之后年份的交互项（$lnvc\_money*hs\_after$），其系数为0.0438，在5％显著性水平上为正，高铁通车后风险投资金额对地区技术创新水平的处理效应为0.044。这说明风险投资金额对各个城市专利申请量等技术创新的作用受高铁通车的影响，风险投资金额每增加1％，会促使各城市技术创新水平提升0.044％。第（5）列中风险投资金额、风险投资数量及二者与高铁通车交互项的系数全部为正，除高铁通车与风险投资数量的系数不显著外，其余变量均通过10％显著性水平检验，再次验证了风险投资金额、风险投资数量对各个城市技术创新水平的影响受高铁是否通车的影响。从其他变量来讲，高铁通车（hs_rail）和高铁通车之后年份（hs_after）的系数在5个模型中全部为正，并且全部通过1％显著性水平检验，说明高铁通车能够显著促进各个城市的科技创新能力。这一结论与上文的研究结论一致。其他控制变量与前文基本一致，此处不再进行详细解释。

6.3.2 风险投资对突破性创新的影响

根据前文的研究结论，高铁通车、风险投资介入能够显著地促进专利申请量的增加，但是能否促进突破性创新水平提升呢？基于此，本书以突破性创新发明为被解释变量，进行了回归分析，结果如表6—7所示。

表6—7 高铁通车、风险投资与突破性创新水平的回归结果

变量	(1)	(2)	(3)	(4)	(5)
$hs\_after * lnvc\_money$				0.0507** (2.40)	0.0914** (2.23)
$hs\_after * lnvc\_number$			0.0434* (1.94)		0.0386* (1.90)
$lnvc\_money$		0.0410 (1.26)		0.0220 (1.17)	0.0138** (2.21)
$lnvc\_number$	0.0558*** (2.84)		0.0817*** (3.51)		0.0960*** (2.95)
hs_rail	0.572*** (4.92)	0.594*** (4.82)	0.561*** (4.91)	0.583*** (4.82)	0.559*** (5.16)
hs_after	0.276*** (8.58)	0.279*** (8.71)	0.309*** (8.43)	0.310*** (8.93)	0.297*** (8.03)
常数项	−11.61*** (−45.90)	−11.71*** (−46.22)	−11.54*** (−45.28)	−11.64*** (−45.80)	−11.50*** (−45.36)
控制变量	是	是	是	是	是
地区固定效应	是	是	是	是	是
年份固定效应	是	是	是	是	是
$Overall\text{-}R^2$	0.6134	0.6017	0.6152	0.6031	0.6185
N	3 601	3 601	3 601	3 601	3 601

备注：***、**、*分别表示在1%、5%、10%水平上显著，括号中的数值为t值。

从表6—7第（1）列可知，风险投资数量的系数在1%水平上显著为正，说明风险投资数量能够显著地促进发明专利申请量等突破性创新水平的提升。第（3）列在第（1）列基础上加入了风险投资数量与高铁通车之后年份的交互项（$hs\_after * lnvc\_number$），风险投资数量与其交互项的系数全部为正，

通过10%显著性水平检验，高铁通车后风险投资数量对突破性创新发明水平的处理效应为0.095。这说明高铁通车后风险投资数量每增加1%，会促使发明专利申请量等突破性创新水平增加0.095%。第（2）列是风险投资金额对突破性创新发明的回归结果，风险投资金额对突破性创新水平的影响系数为正，但是并不显著，说明风险投资金额对突破性创新水平没有显著影响。第（4）列加入了风险投资金额与高铁通车之后年份的交互项（$hs\_after * lnvc\_money$），其系数在5%水平上显著为正，但是风险投资金额系数不显著。这充分说明风险投资金额对突破性创新发明的影响更受城市是否开通高铁的影响。第（5）列中的风险投资数量及其与高铁通车的交互项、风险投资金额与高铁通车的交互项系数全部为正，并且通过10%显著性水平检验，再次印证了风险投资数量对突破性创新发明存在显著的正向影响，风险投资数量和金额对突破性创新的影响更受高铁是否通车的影响。对于其他控制变量来说，与前文的回归结果基本一致，即城市经济发展水平和市场化活跃程度能够显著地促进突破性创新水平，但是产业结构和金融深化程度对突破性创新存在抑制作用，应该加大研发投入等，丰富多样化金融工具，为各城市的科技创新提供资源支持。总之，风险投资对突破性创新水平的作用受高铁通车的影响，即城市高铁通车后，风险投资数量和风险投资金额对各个城市的突破性创新水平存在显著的正向影响。

6.3.3 风险投资对渐进性创新的影响

前文结果显示，风险投资对各个城市技术创新水平的直接效应受高铁通车的影响，那么，风险投资对渐进性创新水平的作用是否也受高铁通车的影响呢？本书基于此进行了实证分析，结果如表6-8所示。

表6-8 高铁通车、风险投资与渐进性创新水平的回归结果

变量	(1)	(2)	(3)	(4)	(5)
$hs\_after *$ $lnvc\_money$				0.0457** (2.26)	0.0573** (2.46)
$hs\_after *$ $lnvc\_number$			0.0520** (2.45)		0.0257 (1.06)
$lnvc\_money$		0.0208 (1.40)		0.0447** (2.48)	0.0221* (1.85)

续表

变量	(1)	(2)	(3)	(4)	(5)
$lnvc\_number$	0.0952*** (5.08)		0.126*** (5.70)		0.153*** (4.92)
hs_rail	0.612*** (5.39)	0.640*** (5.40)	0.599*** (5.40)	0.630*** (5.45)	0.595*** (5.85)
hs_after	0.126*** (4.12)	0.131*** (4.30)	0.165*** (4.74)	0.159*** (4.79)	0.153*** (4.33)
常数项	−7.649*** (−31.68)	−7.777*** (−32.15)	−7.559*** (−31.09)	−7.712*** (−31.78)	−7.506*** (−31.00)
控制变量	是	是	是	是	是
地区固定效应	是	是	是	是	是
年份固定效应	是	是	是	是	是
$Overall\text{-}R^2$	0.5498	0.5296	0.5548	0.5334	0.5642
N	3 601	3 601	3 601	3 601	3 601

备注：***、**、*分别表示在1％、5％、10％水平上显著，括号中的数值为 t 值。

从第（1）列可知，风险投资数量对各个城市渐进性创新发明水平的提升存在显著的正向影响（其系数为正，并且通过1％显著性水平检验）。第（3）列加入了风险投资数量与高铁通车的交互项（$hs\_after * lnvc\_number$），风险投资数量及其交互项的系数全部为正，也通过5％显著性水平检验，各个城市高铁通车后风险投资数量对城市渐进性创新水平的处理效应为0.1422，即高铁通车后，风险投资每增加1％，高铁城市的渐进性创新水平提升0.142％。这说明风险投资数量对各个城市渐进性创新水平的直接处理效应受高铁开通的影响，风险投资和高铁通车对各个城市的渐进性创新水平存在显著的正向影响。

从第（2）列可知，风险投资金额的系数为正，但是并不显著，说明风险投资金额大小对各个城市渐进性创新发明影响不明显。第（4）列中加入了风险投资金额与高铁通车的交互项（$hs\_rail * lnvc\_money$），风险投资金额及其与高铁通车的交互项的系数全部为正，并且通过5％显著性水平检验，说明高铁通车会影响风险投资金额对各个城市渐进性创新水平的直接处理效应。第（5）列加入了所有变量的回归结果，除了高铁通车与风险投资数量交互项不显著，其他变量的结果也印证了前文的结论。另外，高铁通车与高铁通车之后的系数全部在1％水平上显著为正，说明高铁通车会显著地促进各个城市渐进性

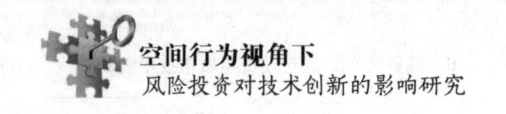

创新水平的提升,与前文的研究结论一致。

总之,风险投资数量和金额对各个城市渐进性创新水平的直接处理效应受城市开通高铁的影响,风险投资和高铁通车对各个城市的渐进性创新水平存在显著的正向影响。

6.4 小结

我国高铁技术成就举世瞩目。我国已进入高铁时代,地理距离大大"缩短"。本书基于高铁通车后各个城市专利申请量的变化,研究风险投资对各个城市技术创新影响的经济效应。为了研究高铁通车对风险投资和区域技术创新的影响,本书选取2005—2017年我国277个地级市城市的面板数据为样本,分别采用PSM-DID和面板模型分析了高铁通车后风险投资对技术创新的影响,得出如下结论。

从PSM-DID模型的实证结果看,高铁通车对各个城市技术创新水平、突破性创新水平和渐进性创新水平均有显著的促进作用,即相对于非高铁城市来讲,风险投资对高铁通车城市有显著的正向促进作用,并且二者之间的差距越来越大。

从风险投资金额和风险投资数量来讲,PSM-DID回归结果显示风险投资金额和风险投资数量均能够显著地促进各个城市专利申请量等技术创新水平和发明专利等突破性创新水平提升。

从面板模型的分析结果看,高铁通车能够促进风险投资对各个城市技术创新能力的直接效应影响程度。风险投资数量和金额对各个城市技术创新水平的直接处理效应受城市开通高铁的影响,风险投资和高铁通车对各个城市的渐进性创新水平存在显著的正向影响。

7 空间溢出、风险投资与区域技术创新

7 空间溢出、风险投资与区域技术创新

各个地区之间并不是相互独立的，而某地区某种现象与相邻地区同一现象息息相关（Tobler, 1970; Anselin, 1988），我国各地区风险投资也不例外。我国风险投资主要集中于北京、上海、深圳等发达城市，存在着明显的空间集聚特征，这要求在考察各地区风险投资介入对区域技术创新的影响时不能忽略空间相关性，如果忽略空间效应可能会影响分析结果的稳健性，并不利于更加准确制定政策。

与已有文献相比，本章的贡献主要体现在以下几个方面：第一，对于区域技术创新的评价，大多数研究用专利申请量进行衡量（韩坚等，2017）。其实，除专利数量外其他因素，比如技术创新投入、技术创新产出、技术创新扩散和技术创新环境等也会影响区域技术创新，故本书采用多维度多指标对各个省（区、市）的技术创新进行了测度。第二，采用了邻近距离权重矩阵、地理距离权重矩阵和经济距离权重矩阵等三种不同类型的空间权重矩阵，利用空间计量模型实证检验了风险投资介入对区域技术创新的空间溢出效应。第三，不仅采用变换解释变量的评价指标风险投资金额，还通过 SAR 模型的 GMM 方法进行稳健性检验。

7.1 研究设计

7.1.1 变量设定

7.1.1.1 被解释变量

区域技术创新（$inno$）是本书的被解释变量。在实证分析前，需要解决区域技术创新的测度问题。目前，国内外文献普遍采用专利申请量作为区域技术创新的代理变量，忽略了区域技术创新能力的多维度特性。为了能够全面评价各省（区、市）技术创新能力，同时考虑数据的可获得性和准确性，借鉴杜江等（2017）、郑磊和张伟科（2018）等学者的做法，主要从技术创新投入、技

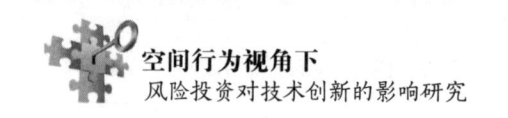

术创新产出、技术创新扩散和技术创新环境四个方面综合评价区域技术创新能力。

技术创新投入。技术创新投入主要包括资本、人力和技术等方面的投入，本书选取R&D人员全时当量、R&D经费支出占GDP比重、地方财政科技支出占比、每名R&D人员仪器和设备支出、科学研究和技术服务业新增固定资产占全社会比重等五个指标来衡量各地区技术创新投入。

技术创新产出。技术创新产出主要包括技术产出和产品产出两个方面，本书选取万名就业人员专利申请数、万人发明专利拥有量、科技论文数、获国家级科技成果奖系数、高技术产品出口额占比、高技术产业增加值占比和新产品销售收入占比等七个指标来衡量技术创新产出。

技术创新扩散。技术创新扩散反映的是新产品的产生及新产品在市场上的商业化，以及新工艺的产生及其生产应用过程。本书选取技术市场成交合同金额、按地区引进的国外技术合同金额、万人吸纳技术成交额和万人输出技术成交额等四个指标来衡量创新扩散能力。

技术创新环境。技术创新环境反映的是科技创新过程中，影响创新主体进行创新的各种外部因素的总和。本书从高新技术企业数、综合能耗产出率、环境质量指数、环境污染治理指数、万人大专以上学历人数、人均教育经费等六个指标来衡量技术创新环境。

本书用四大类共22个指标综合评价区域技术创新能力，由于各个指标对区域技术创新的贡献不同，需要分别对不同的指标进行赋权。本书采用熵权法对各个指标进行赋权，具体指标与权重如表7-1所示。

表7-1 区域技术创新指标评价体系和权重

相关变量	评价指标	单位	权重
技术创新投入	R&D人员全时当量	万人年	0.0455
	R&D经费支出占GDP比重	百分比	0.0477
	地方财政科技支出占地方财政支出比重	百分比	0.0459
	每名R&D人员仪器和设备支出	万元/人年	0.0448
	科学研究和技术服务业新增固定资产占全社会比重	百分比	0.0472

续表

相关变量	评价指标	单位	权重
技术创新产出	万名就业人员专利申请数	件/万人	0.0432
	万人发明专利拥有量	件/万人	0.0404
	国外主要检索工具收录科技论文数	万篇	0.0452
	获国家级科技成果奖系数	项当量/万人	0.0480
	高技术产品出口额占商品出口额比重	百分比	0.0455
	高技术产业增加值占工业增加值比重	百分比	0.0473
	新产品销售收入占主营业务收入比重	百分比	0.0484
技术创新扩散	技术市场成交合同金额	亿元	0.0400
	按地区引进的国外技术合同金额	亿元	0.0423
	万人吸纳技术成交额	万元/万人	0.0432
	万人输出技术成交额	万元/万人	0.0362
技术创新环境	高新技术企业数	个	0.0450
	综合能耗产出率	元/千克标准煤	0.0488
	环境质量指数	百分比	0.0494
	环境污染治理指数	百分比	0.0498
	万人大专以上学历人数	人/万人	0.0482
	人均受教育经费	十元/人	0.0480

根据熵权法确定的每个指标权重，计算出2005—2017年29个省（区、市）的技术创新综合值，具体结果如表7-2所示。从综合值看，北京、上海、江苏、天津、广东等东部省（区、市）技术创新能力较强，而中西部省（区、市）的创新能力比较弱，尤其是西部落后地区，与东部地区的技术创新能力存在较大的差异。

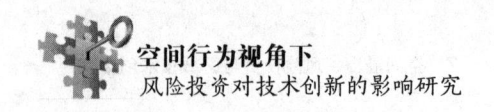

表7-2 各省（区、市）技术创新能力综合值（2005—2017年）

省（区、市）	2005年	2006年	2007年	2008年	2009年	2010年	2011年	2012年	2013年	2014年	2015年	2016年	2017年
北京	81.52	80.29	104.74	110.76	112.05	127.18	134.00	158.22	177.33	199.95	228.45	264.65	313.59
天津	43.30	44.01	51.04	56.71	60.15	60.49	56.63	68.79	74.30	85.23	94.30	105.72	120.91
河北	15.44	14.53	17.18	18.51	19.54	19.58	20.92	17.39	17.95	18.93	20.19	21.71	23.47
山西	15.52	13.26	15.56	18.85	19.89	18.39	21.01	20.34	22.27	25.37	29.80	37.86	52.95
内蒙古	10.37	10.39	14.87	14.97	18.47	16.39	19.46	21.33	21.34	20.94	23.09	25.52	28.46
辽宁	26.36	24.81	28.45	29.98	32.38	31.70	33.91	34.71	37.02	39.07	41.32	44.53	48.49
吉林	17.44	18.06	22.30	21.77	21.91	28.35	26.27	24.79	25.29	27.87	29.17	32.43	35.06
黑龙江	18.83	17.71	17.50	19.81	19.39	21.13	24.87	24.70	27.02	28.61	31.00	33.90	37.71
上海	60.53	66.52	76.34	84.40	87.44	94.60	87.57	95.73	103.57	109.43	121.13	137.19	156.28
江苏	36.71	38.47	42.63	45.89	48.30	51.50	59.05	70.31	75.70	79.54	94.06	110.20	135.45
浙江	32.79	32.96	34.26	36.44	38.71	41.95	43.65	47.71	56.79	60.27	69.64	82.66	99.53
安徽	22.18	24.29	23.92	24.66	23.30	22.83	27.51	28.20	31.99	35.03	40.19	46.81	56.50
福建	30.20	29.57	27.84	28.68	29.66	29.21	30.77	31.67	34.60	39.61	42.83	47.99	54.51
江西	17.09	17.26	19.94	22.71	24.51	21.66	26.64	22.39	26.36	28.68	31.36	34.51	38.36
山东	27.81	26.30	30.08	30.61	31.31	31.57	33.35	33.05	35.37	38.08	41.95	46.88	53.23

132

续表 7-2

省（区、市）	2005年	2006年	2007年	2008年	2009年	2010年	2011年	2012年	2013年	2014年	2015年	2016年	2017年
河南	17.42	15.01	18.92	20.51	21.35	20.02	22.38	23.88	26.53	28.89	33.13	39.10	47.41
湖北	21.33	21.94	23.36	26.29	29.37	29.11	31.81	32.58	35.90	42.38	48.02	53.04	60.45
湖南	22.10	19.61	20.72	20.69	23.95	25.58	27.02	26.08	27.84	30.04	32.53	35.51	39.33
广东	40.99	42.00	44.34	46.12	48.60	52.19	53.66	58.18	67.77	71.73	82.35	93.53	108.64
广西	19.06	19.58	17.46	19.86	19.74	20.53	22.70	22.01	25.55	29.62	31.97	35.19	39.06
重庆	22.61	21.19	22.91	25.97	28.08	28.74	34.61	39.09	42.02	46.91	50.25	60.78	72.53
四川	21.62	24.42	23.56	24.71	25.50	26.91	28.22	29.84	35.37	40.51	44.97	50.09	56.60
贵州	10.80	11.12	15.54	15.96	15.59	16.20	18.86	16.80	18.38	23.13	25.71	28.84	32.40
云南	13.70	14.94	16.98	18.98	18.45	17.22	18.79	17.96	19.17	23.53	25.90	28.66	31.97
陕西	22.01	21.32	23.56	25.88	29.15	30.75	35.59	37.31	41.42	49.04	56.38	66.33	82.03
甘肃	10.84	10.92	11.95	16.54	15.91	17.35	19.39	17.60	21.19	24.86	27.57	30.72	34.73
青海	9.53	7.84	9.86	12.30	15.39	13.24	19.47	18.27	20.08	22.09	25.14	29.03	34.14
宁夏	9.67	13.38	13.93	17.86	18.83	15.22	17.44	18.37	19.81	24.31	26.44	29.08	32.20
新疆	15.43	12.78	12.59	14.45	16.68	15.70	19.98	19.70	17.95	18.93	20.10	21.67	23.50

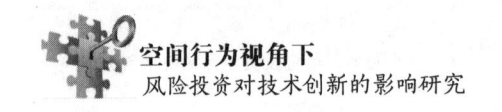

7.1.1.2 解释变量

风险投资是本书研究的核心解释变量。风险投资是影响各个地区技术创新能力的重要因素，本书借鉴 Bottazz & Rin（2002）、冯照桢等（2016）的做法，分别用风险投资数量（$lnvc\_number$）和风险投资金额（$lnvc\_money$）等两个指标进行度量。

7.1.1.3 控制变量

事实上，技术创新不仅受风险投资的影响，还受到其他因素的约束或影响。本书借鉴宋跃刚和杜江（2015）、张林（2016）、杜江等（2017）、郑磊和张伟科（2018）的思路，主要对一些可能影响技术创新的因素进行控制，包括地区经济发展水平、产业集聚程度、产业结构、金融深化程度、对外开放程度、人力资本投入、城镇化水平。

地区经济发展水平（$lnrgdp$）：每个地区的经济发展水平是影响技术创新的重要因素，地区人均 GDP 越高，越能够促进区域技术创新能力的提升。本书用每个地区人均 GDP 的对数来衡量。

产业集聚程度：产业集聚程度能否促进区域科技创新的结论并不统一。研发机构等创新行为的聚集会产生知识外溢，能够有效地促进区域经济发展，产生外部规模经济，促进科技创新（Jaffe，1989；Shefer & Frenkel，1998）。本书采用集中化指数（hhi）来衡量产业集聚程度。

产业结构（$stru\_indu$）：在我国经济发展过程中，第三产业产值占 GDP 比重逐年上升，第三产业升级有利于优化产业结构和提升科技创新能力。因此，产业结构是影响科技创新的因素。本书选取第三产业产值占 GDP 的比重来度量产业结构。

金融深化程度（$deep\_fina$）：金融深化能够有效地配置社会资金，降低交易成本和信息不对称影响，促进经济发展，经济发展又可以反过来刺激金融发展。高效的金融体系能够有效地解决企业融资难和融资贵问题，保障企业增加研发投入，提高科技创新能力。本书采用信贷总额占 GDP 的比重来衡量金融深化程度。

对外开放程度（$openness$）：对外开放程度主要表现为市场的开放程度，国内企业或者科研机构可以通过学习国外先进技术，提升国内技术水平；也可以走出去，通过 OFDI 的逆向技术溢出，将国外获得的技术带入本国。通常用进出口总额占 GDP 的比重来度量。

人力资本投入（$human$）：人力资本投入是影响科技创新能力的重要因素，如经济活动需要人力资本的投入，金融和科技更需要高智力的人才。本书选用Barro & Lee（1993）提出的劳动力平均受教育年限近似表示人力资本投入。[①]

城镇化水平（$city$）：城镇化水平反映一个地区城市化发达程度，城镇化水平越高，吸收先进科学技术的能力就强，创新能力也就越强。本书选用城镇人口占总人口的比重来度量城镇化水平。

7.1.1.4 数据来源及其处理

为了保证研究的客观和真实，充分考虑数据的易得性和可行性，本书选取29个省（区、市）2005—2017年的面板数据作为样本。技术创新的数据来源于各年度《中国统计年鉴》《中国科技统计年鉴》《中国教育年鉴》《中国高技术产业统计年鉴》和Wind资讯；风险投资数据来源于Wind资讯；地区经济发展水平、产业集聚程度、产业结构、金融深化程度、对外开放程度、人力资本投入和城镇化水平数据来源于《中国统计年鉴》《中国金融年鉴》《中国劳动统计年鉴》和Wind资讯。

在计算过程中，为了保证各指标跨年度可比性，对各项指标进行无量纲化处理。[②] 对于部分年度缺失的数据，通过线性插值法填补。各个变量的描述性统计结果如表7-3所示。

表7-3 各变量的描述性统计结果

变量名	样本数	均值	标准差	最小值	最大值
$inno$	377	38.842	34.846	7.840	313.590
$\ln vc\_number$	377	2.628	1.554	0.000	7.178
$\ln vc\_money$	377	2.420	1.716	0.000	8.319
$\ln rgdp$	377	10.382	0.638	8.528	11.768
$city$	377	53.029	14.235	26.870	89.600
$stru\_indu$	377	47.166	7.350	19.010	61.500

[①] 人资资本投入 $human$＝小学比重×6+初中比重×9+高中比重×12+大专以上比重×16。

[②] 本书以2005年为基期，单个指标在基期年份的最大值和最小值分别为100和0，分别代表该地区在该项指标上发展最好和最差；每项指标得分的计算公式如下：第 i 个指标在 t 年得分为 $(x_{it}-x_{min})/(x_{max}-x_{min})\times 100$，其中，$x_{it}$ 表示第 i 个指标在 t 年的原始数值，x_{max} 为29个省（区、市）在基期2005年该指标原始数值最大值，x_{min} 为最小值。

续表

变量名	样本数	均值	标准差	最小值	最大值
$deep\_fina$	377	2.801	1.137	0.000	8.130
hhi	377	16.343	24.855	0.058	100.000
$human$	377	16.125	2.028	10.875	20.647
$openness$	377	31.335	38.393	1.650	168.380

7.1.2 空间计量模型构建

7.1.2.1 空间相关性检验

本书采用式（7-1）所示的全局莫兰指数（Moran's I）来检验区域内各空间变量的相关性。全局 Moran's I 的计算公式为：

$$I = \frac{n\sum_{i=1}^{n}\sum_{j=1}^{n}w_{ij}(x_i-\bar{x})(x_j-\bar{x})}{\sum_{i=1}^{n}\sum_{j=1}^{n}w_{ij}\sum_{i=1}^{n}(x_i-\bar{x})^2} = \frac{\sum_{i=1}^{n}\sum_{j=1}^{n}w_{ij}(x_i-\bar{x})(x_j-\bar{x})}{S^2\sum_{i=1}^{n}\sum_{j=1}^{n}w_{ij}}$$

(7-1)

其中，$w_{ij}(i=1,2,\cdots,n;j=1,2,\cdots,n)$ 为区域 i 和区域 j 之间的空间权重，$\bar{x}=\frac{1}{n}\sum_{i=1}^{n}x_i$，$S^2=\frac{1}{n}\sum_{i=1}^{n}(x_i-\bar{x})^2$，$n$ 表示区域个数，x_i 和 x_j 分别表示区域 i 和区域 j 的观测值。

Moran's I 的取值范围为 $[-1,1]$，大于 0 表示空间正相关，接近 1 时表明具有相似的属性集聚在一起（高值与高值相邻、低值与低值相邻）；小于 0 表示空间负相关，接近 -1 时表明具有相异的属性集聚在一起（高值与低值相邻、低值与高值相邻）；如果 Moran's I 接近于 0，则表示不存在空间自相关。空间相关系数还可以通过 Moran's I 散点图来描绘局域空间相关性所属的局部空间聚集类型。

进行空间计量分析的前提是要引入空间权重矩阵。在度量空间自相关时，通常采用相邻标准或者距离标准定义空间权重矩阵，以表征地理空间关联或者经济联系。为了能够更好地分析风险投资对技术创新的影响，本书不仅考虑了地理因素，而且考虑了经济因素，分别定义了邻近距离、地理距离和经济距离权重矩阵。同时，对定义的权重矩阵进行了标准化处理，使各行之和等于1，也就是说，使得空间权重矩阵 W_{ij} 无量纲。在实证分析中，分别采用了空间相邻矩阵、空间距离矩阵和空间经济矩阵。

对于相邻矩阵的定义，本书采用如式（7-2）所示的邻近概念的空间权重矩阵：

$$W^G = \begin{cases} 1, 当区域 i 与 j 相邻 \\ 0, 当区域 i 与 j 不相邻 \end{cases}, \quad i = 1, 2, \cdots, n; j = 1, 2, \cdots, n \quad (7-2)$$

其中，当两个区域相邻时，表明二者存在着空间相关；反之，二者之间不相关。

空间邻近矩阵认为地区之间的联系取决于二者是否相邻，即只要二者之间相邻，相互之间的影响相同，这与现实情况不相符。根据地理学第一定律，位置较近的地区之间比较远的地区关联度更强（Tobler W. R.，1970）。基于此，本书通过公路距离来构建空间距离权重矩阵，并且进行了标准化处理，即各行之和等于1，具体如式（7-3）所示：

$$W^{G'} = \begin{cases} 1/d_{ij}, i \neq j \\ 0, \quad i = j \end{cases}, \quad i = 1, 2, \cdots, n; j = 1, 2, \cdots, n \quad (7-3)$$

其中，d_{ij} 表示地区 i 和地区 j 之间的公路距离里程数。

空间邻近权重矩阵和空间距离权重矩阵仅反映了地理位置的影响，并没有反映区域之间经济相关性及其影响，比如，河北对北京的影响远小于北京对河北的影响。因此，为了能够较好反映地区之间的相互影响，本书采用李婧等（2010）的做法，定义了式（7-4）所示的空间经济权重矩阵：

$$W^E = W^G \times diag\left(\frac{\bar{Y}_1}{\bar{Y}}, \frac{\bar{Y}_2}{\bar{Y}}, \cdots, \frac{\bar{Y}_n}{\bar{Y}}\right), \quad i = 1, 2, \cdots, n; j = 1, 2, \cdots, n$$

$$(7-4)$$

其中，$\bar{Y}_i = \frac{1}{t_1 - t_0 + 1} \sum_{t=t_0}^{t_1} Y_{it}$，$\bar{Y} = \frac{1}{n} \sum_{i=1}^{n} \bar{Y}_i$，即 $\bar{Y}_i$ 为 i 地区经过调整的人均实际GDP的年平均值，$\bar{Y}$ 为所有地区 $\bar{Y}_i$ 的平均值，W^G 为空间相邻权重矩阵。通过矩阵 W^E 可以发现，相较于周边地区，当 i 地区人均实际GDP占总量比重较大时，该地区对周边地区的影响力也更大。换言之，空间权重矩阵具有 $W_{ij}^E > W_{ji}^E$ 的性质。

7.1.2.2 空间计量模型设定

风险投资对区域技术创新的影响并不是独立的，某个地区技术创新能力的

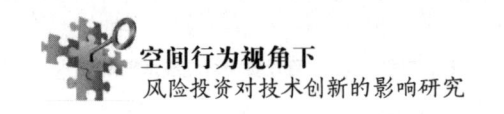

提升可能还受到其他地区风险投资介入的影响。忽略风险投资的空间溢出效应可能造成估计偏误。因此，本章采用空间计量模型分析风险投资对区域技术创新的影响，并且对空间溢出效应进行测度。

目前，空间计量模型得到了广泛的应用，最常用的空间计量模型包括空间自回归模型（SAR）、空间误差模型（SEM）和空间杜宾模型（SDM）三种类型。其中，SAR 只包含空间因变量滞后项，SEM 只包含空间误差项，SDM 既包括空间因变量滞后项又包括空间误差项。基于此，本书分别建立了 SAR、SEM 和 SDM 三种常用的空间计量模型。

SAR 定义如式（7-5）：

$$\begin{aligned} Inno_{it} = {} & \rho \boldsymbol{W} inno_{it} + \beta_1 \ln vc\_number_{it} + \beta_2 \ln vc\_money_{it} + \beta_3 \ln rgdp \\ & + \beta_4 hhi_{it} + \beta_5 stru\_indu_{it} + \beta_6 deep\_fina_{it} + \beta_7 openness_{it} \\ & + \beta_8 human_{it} + \beta_9 city_{it} + \varepsilon_{it} \end{aligned} \quad (7-5)$$

SEM 定义如式（7-6）：

$$\begin{aligned} Inno_{it} = {} & \beta_1 \ln vc\_number_{it} + \beta_2 \ln vc\_money_{it} + \beta_3 \ln rgdp \\ & + \beta_4 hhi_{it} + \beta_5 stru\_indu_{it} + \beta_6 deep\_fina_{it} \\ & + \beta_7 openness_{it} + \beta_8 human_{it} + \beta_9 city_{it} + u_{it} \end{aligned} \quad (7-6)$$

其中，$u_{it} = \lambda \boldsymbol{W} u_{it} + \varepsilon_{it}$，$\varepsilon \sim N(0, \sigma^2 I_n)$。

SDM 定义如式（7-7）：

$$\begin{aligned} Inno_{it} = {} & \rho \boldsymbol{W} inno_{it} + \beta_1 \ln vc\_number_{it} + \beta_2 \ln vc\_money_{it} + \beta_3 \ln rgdp \\ & + \beta_4 hhi_{it} + \beta_5 stru\_indu_{it} + \beta_6 deep\_fina_{it} + \beta_7 openness_{it} \\ & + \beta_8 human_{it} + \beta_9 city_{it} + \lambda \boldsymbol{W} X_{kit} + \varepsilon_{it} \end{aligned} \quad (7-7)$$

在式（7-5）、式（7-6）和式（7-7）中，$inno_{it}$ 为被解释变量，为第 i 个地区在 t 年的技术创新水平；vc_number_{it} 和 vc_money_{it} 分别表示第 i 个地区在 t 年的风险投资数量和风险投资金额；$\ln rgdp_{it}$、hhi_{it}、$stru\_indu_{it}$、$deep\_fina_{it}$、$openness_{it}$、$human_{it}$ 和 $city_{it}$ 为控制变量，分别表示第 i 个地区在 t 年的经济发展水平、产业集聚程度、产业结构、金融深化程度、对外开放程度、人力资本和城镇化水平；X_{kit} 分别代表上述解释变量和控制变量；$\boldsymbol{W}$ 为 $n \times n$ 阶的空间权重矩阵，ε_{it} 和 u_{it} 为正态分布的随机误差向量，ρ 为空间回归系数，λ 为空间误差系数。

关于空间计量模型问题，一般通过空间依赖性检验比较 *LMLAG* 和 *LMERR* 的显著性来选择（Anselin & Arribas-Bel，2013），但是这种方法适用于截面数据而非面板数据。对于面板数据而言，本书借鉴宋跃刚和杜江（2015）、*Belotti* 等（2017）学者的方法，通过检验表 7-4 给出的矩阵关系来确定合适的模型。

表 7-4 空间计量模型选择标准

名称	模型	检验条件	卡方值	P值
SDM	$Y = \rho WY + X\beta + \lambda WX + \varepsilon$	$\lambda = 0$ & $\lambda = -\rho\beta$	—	—
SAR	$Y = \rho WY + X\beta + \varepsilon$	$\lambda = 0$	43.66	0.0000
SEM	$Y = X\beta + \mu, \mu = \lambda W\mu + \varepsilon$	$\lambda = -\rho\beta$	39.10	0.0000

根据表7-4的检验结果，p值在1%显著性水平上为0，拒绝原假设 H_0：$\lambda=0$ 和 $\lambda=-\rho\beta$，表明SDM模型不能转化为SAR模型和SEM模型，应该选择空间面板杜宾模型。然后，对空间杜宾模型进行 Hausman 检验，卡方值为25.68，对应的 p 值为 0.0012，在 1% 显著水平下，拒绝随机效应的原假设，选择固定效应空间杜宾模型。

7.2 实证结果分析

7.2.1 空间相关性检验

为了判断各省（区、市）技术创新能力在空间上是否存在策略性互动的可能，本书选取我国29个省（区、市）2005—2017年的面板数据作为空间单元观测值，对技术创新（$inno$）和风险投资数量（$lnvc\_number$）进行了实证分析。

本书选取 Moran's I 检验我国区域技术创新和风险投资数量的空间自相关特征，表7-5给出了2005—2017年我国区域技术创新和风险投资数量的空间自相关 Moran's I 值。根据 Moran's I 检验值，无论空间邻近矩阵、空间距离矩阵还是空间经济矩阵，区域技术创新能力（$inno$）的 Moran's I 统计值总是大于0，且全部在5%显著性水平上存在正向相关性；从风险投资数量的 Moran's I 检验值来看，风险投资数量的 Moran's I 值全部大于0，在空间邻近矩阵中全部通过5%显著性水平检验，而空间距离矩阵和空间经济矩阵作为权重的检验中，除2006年的 Moran's I 值不显著外，其他年份均通过5%显著性水平检验。这说明，我国区域技术创新和风险投资在空间上并非呈随机分布状态，而与具有相似空间特征地区的技术创新能力或风险投资密切相关，存在正向的空间自相关性，在空间上呈现出明显的集聚现象。也就是说，区域创新能力高和风险投资数量多的地区邻近，区域创新能力低和风险投资数量少的地区邻近。总之，本书认为我国区域技术创新能力和风险投资存在着显著的空间相关性特征。

表 7—5 技术创新与风险投资的 Moran's I 值

年份	inno			vc_number		
	邻近矩阵	距离矩阵	经济矩阵	邻近矩阵	距离矩阵	经济矩阵
2005	0.222***	0.098***	0.302***	0.171**	0.060**	0.194***
2006	0.226***	0.096***	0.310***	0.268***	0.009	0.071
2007	0.195***	0.090***	0.306***	0.375***	0.139***	0.133**
2008	0.194***	0.088***	0.307***	0.201**	0.067***	0.148**
2009	0.192***	0.091***	0.315***	0.306***	0.103**	0.144**
2010	0.178**	0.074***	0.302***	0.273***	0.084***	0.160**
2011	0.160**	0.053***	0.270***	0.252***	0.088***	0.182**
2012	0.159**	0.064***	0.279***	0.165**	0.087***	0.164**
2013	0.153**	0.059***	0.271***	0.196**	0.043***	0.200***
2014	0.144**	0.057***	0.261***	0.222***	0.089***	0.201***
2015	0.141**	0.054***	0.256***	0.170**	0.076***	0.183**
2016	0.137**	0.051***	0.251***	0.277***	0.097***	0.233***
2017	0.132**	0.047**	0.242***	0.248***	0.113***	0.201***

备注：①***、**、*分别表示在1%、5%、10%水平上显著；②因篇幅限制，未报告其他变量的空间相关性检验结果。

全局 Moran's I 值不能全面反应局部地区聚集特征，本书利用局部 Moran's I 值检验各地区主要变量是否聚集在一起。① 图 7—1 和图 7—2 分别报告了 2017 年我国各省（区、市）技术创新和风险投资数量的 Moran's I 散点图，各个主要变量的 Moran's I 分为四个象限。第一象限和第三象限分别表示高值—高值聚集（H-H）和低值—低值聚集（L-L），表明存在正向空间相关性；第二象限和第四象限分别为低—高聚集（L-H）和高—低聚集（H-L），说明存在负向空间自相关。从图中可以看出，我国大多数地区技术创新、风险投资数量分布

---

① 本书仅报告了 2017 年我国各省（区、市）技术创新和风险投资数量的局部 Moran's I 值。

在第一象限和第三象限，大多数地区强烈拒绝"无空间自相关"的原假设，说明我国区域技术创新和风险投资呈正向聚集状态，即区域技术创新与风险数量高的地区与高的地区聚集，低的地区与低的地区聚集。以上结论与前文的研究结论一致，即我国各地区技术创新和风险投资存在明显的正向空间相关性。

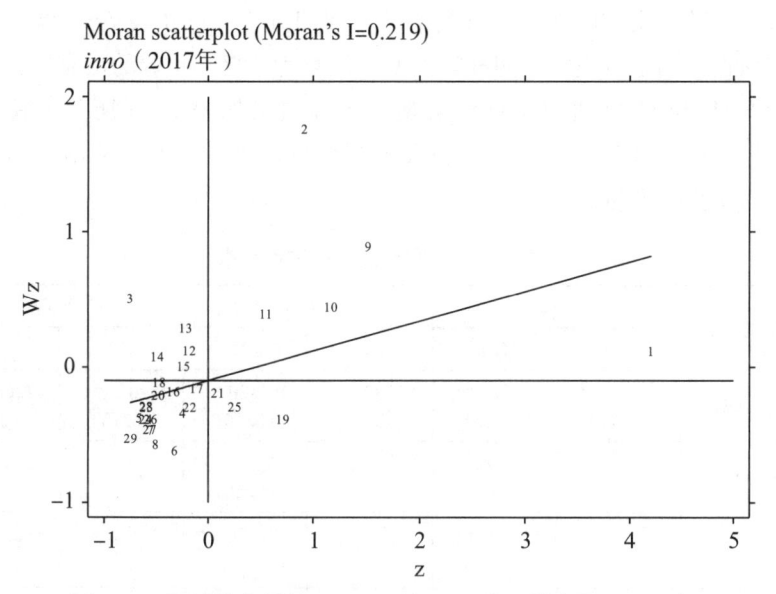

图7-1 区域技术创新（*inno*）的 **Moran's I** 散点图（**2017 年**）

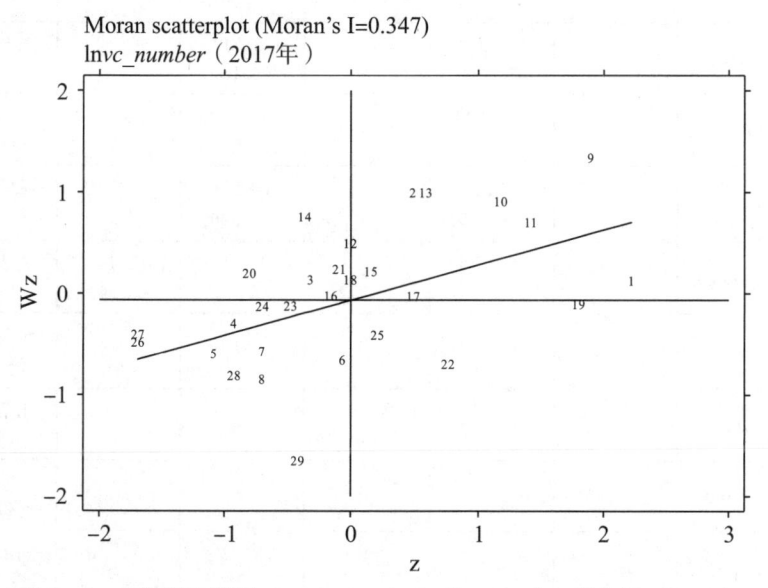

图7-2 风险投资数量（ln*vc _ number*）的 **Moran's I** 散点图（**2017 年**）

7.2.2 回归结果分析

从前文可知风险投资与技术创新存在显著的空间相关性。本书采用 SAR、SEM 和 SDM 三个空间面板计量模型进行回归分析。虽然表 7-5 检验结果显示，应该选用固定效应的空间杜宾模型，但是为了提高检验的可靠性，本书同时采用 SAR 和 SEM 进行了回归分析，检验结果如表 7-6 所示，其中模型（1）、模型（3）、模型（5）没有加入控制变量，模型（2）、模型（4）、模型（6）加入了控制变量。

表 7-6 空间计量模型估计结果

变量	SAR (1)	SAR (2)	SEM (3)	SEM (4)	SDM (5)	SDM (6)
$lnvc\_number$	8.7661*** (6.26)	5.2533*** (4.18)	8.5305*** (5.73)	4.7220*** (3.66)	8.0186*** (5.75)	4.6852*** (3.87)
$lnrgdp$		5.1223 (0.52)		6.1748 (0.60)		4.8500 (0.47)
$city$		−2.8194*** (−7.24)		−3.0703*** (−7.61)		−3.5797*** (−8.76)
$stru\_indu$		0.2893 (1.20)		0.2308 (0.99)		0.1792 (0.71)
$deep\_fina$		3.7553* (1.82)		4.5371** (2.15)		5.5476*** (2.75)
hhi		1.5302*** (5.66)		1.6337*** (6.00)		1.7668*** (6.46)
$human$		−3.8035*** (−4.96)		−3.8719*** (−4.90)		−3.0273*** (−3.71)
$W*lnvc\_number$					10.1014*** (3.74)	7.3401*** (3.05)
$W*lnrgdp$						−45.3704** (−2.38)
$W*city$						4.7357*** (4.96)
$W*stru\_indu$						0.7253 (1.21)
$W*deep\_fina$						−12.3622*** (−3.20)

续表

变量	SAR		SEM		SDM	
	(1)	(2)	(3)	(4)	(5)	(6)
$W*hhi$						−2.0876*** (−3.80)
$W*human$						−0.5304 (−0.33)
ρ	0.2527*** (3.63)	0.1618** (2.42)	0.1940** (2.56)	0.2101*** (2.89)	0.1921*** (2.66)	0.1583** (2.29)
$sigma2\_e$	141.9352*** (13.62)	102.8376*** (13.68)	145.0176*** (13.66)	101.6796*** (13.65)	137.8255*** (13.65)	91.8019*** (13.68)
Log-likelihood	−1471.8581	−1409.3116	−1474.7895	−1408.1731	−1464.9008	−1387.8555
Over-R^2	0.5313	0.0494	0.5492	0.0545	0.5655	0.0573
N	377	377	377	377	377	377

备注:*、**、***分别表示回归系数的显著性水平为10%、5%、1%，括号中数值为的t值。

从估计结果来看，采用SAR、SEM、SDM的空间相关系数ρ(或λ)在5%水平上全部显著为正，说明区域技术创新具有空间相关性，即每个地区技术创新水平受其他地区相关因素的影响。从拟合效果来看，SDM模型比SAR和SEM模型拟合效果更好，其中拟合系数Over-R^2显著高于其他两个模型，Log-likelihood值显著变小。这说明SDM模型能够更好地分析风险投资对区域技术创新影响的空间效应，因此本书选用空间杜宾模型进行分析。

从空间杜宾模型(5)和模型(6)的估计结果来看，空间邻近矩阵作为权重的空间相关系数(ρ)在5%水平上全部显著为正，其系数分别为0.1921和0.1583，说明每个地区技术创新水平不仅受本地区相关因素的影响，还受邻近地区技术创新水平和风险投资数量等相关因素的影响，即存在空间溢出效应。从系数值来看，风险投资数量($lnvc\_number$)的系数在1%水平上显著为正，说明风险投资数量能够显著地促进区域技术创新水平的提升，这一结果与第6章的回归结果基本一致。风险投资数量的空间交互系数($W*lnvc\_number$)全部为正，并且通过1%显著性水平检验，表明本地区风险投资数量的增加，不仅影响本地区技术创新水平的提升，还会促进空间邻近地区技术创新水平提升。从其他控制变量结果看，地区经济发展水平空间交互项($W*lnrgdp$)、金融深化程度的空间交互项($W*deep\_fina$)、产业集聚程度的空间交互项($W*hhi$)的系数全部为负，并且通过1%显著性水平检验，说明各个地区技术创新水平不仅受本地区经济发展水平、产业集聚、金融深化程度的影响，还会受其他地区因素的影响，并且空间邻近地区经济发展水平、产业集聚程度和金融深化程度对本地区技术创新存在显著的负向影响。这也印证了风险投资倾向于向经济发展水平较高、产业聚集和金融产业化发达的地区投资。城镇化水平空间交互项（$W*city$）的系数在1%水平上显著为正，地理位置邻近地区的城镇化水平能够对相邻地区产生显著的促进作用。但是，产业结构空间交互项（$W*stru\_indu$）和人力资本空间交互项（$W*human$）的系数没有通过显著性水平检验，说明本地区技术创新水平的提升受邻近地区产业结构和人力资本投入的影响较小。

上文回归结果显示风险投资数量对区域技术创新水平存在显著影响，但是由于空间回归模型的特殊性，无法以回归系数的大小值来衡量风险投资数量对区域技术创新的影响程度。本书计算了风险投资数量和风险投资金额对区域技术创新的影响程度，包括风险投资数量和风险投资金额对区域技术创新的直接效应、间接效应（空间溢出效应）和总效应，如表7-7所示。

表7-7　SDM模型的直接效应、空间溢出效应和总效应

类别	变量	系数	t值	p值
直接效应	lnvc_number	4.9518***	4.20	0.000
	lnvc_money	2.8270***	4.58	0.000
空间溢出效应	lnvc_number	9.1441***	3.23	0.001
	lnvc_money	4.2545***	2.87	0.004
总效应	lnvc_number	14.0959***	4.47	0.000
	lnvc_money	7.0815***	4.22	0.000

备注："***"、"**"、"*"分别表示回归系数的显著性水平为1%、5%、10%。

从表7-7可以看出，风险投资数量和风险投资金额对区域技术创新的直接效应、间接效应（空间溢出效应）和总效应全部为正，并且通过1%显著性水平检验。这说明风险投资介入对区域技术创新不仅存在显著的直接效应，还存在空间溢出效应。从风险投资数量系数大小来看，风险投资数量的直接效应为4.9518，空间溢出效应为9.1441，总效应为14.0959，其中空间溢出效应占总效应的比重大约为65%。具体而言，本地区风险投资数量每增加1%，会促使本地区专利申请量等技术创新水平增长4.95%；而邻近地区风险投资数量每增长1%，会促使本地区专利申请量等技术创新水平增长9.14%。这说明

风险投资数量带来的空间溢出效应对各个地区技术创新水平的提升具有重要影响。从风险投资金额系数值来看，风险投资金额的直接效应、间接效应（空间溢出效应）和总效应的值分别为 2.8270、4.2545、7.0815，其中空间溢出效应占总效应的比重约 60%。具体而言，本地区风险投资金额每增加 1%，会促使本地区专利申请量等技术创新水平增长 2.83%；而相邻地区风险投资数量每增长 1%，会促使本地区专利申请量等技术创新水平增长 4.25%。这也进一步印证了风险投资金额增长所带来的空间溢出效应能够显著地提升各个地区的技术创新水平。通过对直接效应、空间溢出效应和总效应的分析，进一步说明采用空间计量模型能够更好地拟合风险投资介入对区域技术创新的影响，避免因采用其他模型而高估风险投资介入对区域技术创新的直接效应。

7.3 稳健性检验

7.3.1 考虑不同空间矩阵权重

上文采用空间邻近矩阵作为权重进行了空间计量分析，结果显示风险投资能够显著地促进区域技术创新，并且存在显著的空间溢出效应。但是空间邻近矩阵仅仅以各个地区之间是否相邻为评价标准，并没有考虑各个地区距离远近和经济活动的影响。本书借鉴李婧（2010）、杜江等（2017）学者的思路，分别以考虑地区之间距离远近的空间距离矩阵、考虑地区之间距离和经济因素的空间经济权重作为权重进行稳健性检验。具体回归结果如表 7-8 模型（1）和模型（2）所示，分别为空间距离矩阵和空间经济矩阵作为权重的回归结果。

表 7-8 稳健性检验结果

变量	距离矩阵(1)	经济矩阵(2)	邻近矩阵(3)	距离矩阵(4)	经济矩阵(5)	GMM(6)
$lnvc\_number$	6.3397*** (5.19)	3.4141*** (2.93)				2.4199*** (27.38)
$lnvc\_money$			2.7057*** (4.28)	3.2839*** (5.15)	1.1218* (1.87)	2.6276*** (32.83)
$W*lnvc\_number$	35.2988*** (4.28)	8.9278*** (2.74)				

145

续表7-8

变量	距离矩阵(1)	经济矩阵(2)	邻近矩阵(3)	距离矩阵(4)	经济矩阵(5)	GMM(6)
$W*\text{lnvc}\_money$			3.3483***(2.66)	17.5883***(4.03)	2.7492*(1.67)	
ρ	0.1743**(2.00)	0.1299**(2.30)	0.1573**(2.27)	0.1729**(2.99)	0.1480**(2.48)	0.1675***(2.61)
$sigma2\_e$	93.1785***(13.72)	79.2361***(13.73)	91.8530***(13.68)	93.8620***(13.72)	80.8938***(13.71)	87.4736***(12.28)
N	377	377	377	377	377	377

备注：①***、**、*分别表示回归系数的显著性水平为1％、5％、10％，括号中的数值为变量估计系数的 t 值；②在空间GMM模型中，采用Hansen J检验对工具变量选取的合宜性进行了检验，Hansen J检验的 p 值为0.197；③因篇幅限制，控制变量的结果未予报告。

从结果来看，采用空间距离矩阵和空间经济矩阵作为权重的空间杜宾模型的空间相关系数 ρ 在5％水平上全部显著为正，说明每个地区技术创新水平存在显著的空间溢出效应。风险投资数量的系数全部为正，并且通过1％显著性水平检验，说明风险投资介入数量能够显著地促进各个省份技术创新水平的提升。这与前文的结论一致。从风险投资数量的空间交互项（$W*\text{lnvc}\_number$）系数来看，其值全部为正，且通过1％显著性水平检验。这一结论与前文的结论也一致，进一步印证了各个省份区域技术创新水平不仅受本地区风险投资等因素的影响，还受空间距离较近省份的相关因素影响。总之，采用不用的空间矩阵作为权重进行分析时，虽然回归结果的系数大小存在差异，但是系数的显著性和方向并未发生改变，说明研究结果是稳健可靠的。

7.3.2 变换解释变量的评价指标

上文采用风险投资数量作为风险投资的代理变量，实证分析了风险投资对区域技术创新的影响及其空间溢出效应。为了检验上文结果的稳健性，本书以风险投资金额（lnvc_money）作为解释变量风险投资的替代变量来进行稳健性检验，具体结果见表7-8第3列~第5列。其中模型（3）、模型（4）和模型（5）分别以空间邻近矩阵、空间距离矩阵和空间经济矩阵作为权重的SDM结果。

三个不同矩阵作为权重的回归结果显示，空间相关系数（ρ）在5％显著性水平上全部为正,进一步印证了风险投资对区域技术创新具有空间溢出效应,即不仅受本地区各种因素的影响,还会受其他地区相关因素的影响。从风险投资金额来讲,其系数在三种不同矩阵作为权重的 SDM 全部为正,且通过 10% 显著性水平检验,进一步印证了风险投资介入能够显著促进区域技术创新水平的提升,上文的研究结论是可靠稳健的。

7.3.3 内生性控制与处理

风险投资与区域技术创新之间可能存在内生性问题,会造成估计结果偏差。对于本书的研究而言,造成内生性的可能原因主要包括:一是遗漏变量。区域技术创新水平往往受到许多因素的影响,但是在建立模型的时候无法全部列出。二是双向交互影响。风险投资介入会影响区域技术创新水平;相反,区域技术创新水平的提升也会吸引更多的风险投资介入。为了验证上文实证结果的稳健可靠性,本书采用空间 SAR 模型的 GMM 方法进行稳健性检验。对于 GMM 方法工具变量的选取,Kelejian & Prucha (1998) 从理论上推导了 $W_n(I_n - \lambda W_n)^{-1} X_n \beta$ 是较为理想的工具变量,但是在实际操作中,λ 值无法提前获得。因此,本书借鉴余泳泽和刘大勇(2013)、白俊红等(2017)的思路,选用 $W * \ln vc\_number$、$W * \ln vc\_number$ 作为空间 GMM 方法的工具变量。关于具体工具变量选择是否合适,本书选用 Hansen J 检验验证了工具变量选择的合理性,结果表明选用 $W * \ln vc\_number$、$W * \ln vc\_number$ 作为工具变量是合适的,回归结果如表 7—8 模型(6)所示。

从空间 GMM 模型的回归结果看,主要解释变量风险投资数量和风险投资金额的系数全部为正,且通过 1% 显著性水平检验,说明风险投资能够显著促进区域技术创新水平的提升,这与前文的研究结论一致,说明本书的研究结论是稳健的。

7.4 小结

本书着重考察了风险投资介入对区域技术创新是否存在影响,以及能否通过其空间溢出效应促进区域技术创新,并且对其空间溢出效应做了度量。在理论分析基础上,本书以 2005—2017 年我国 29 个省(区、市)的面板数据为样本,采用空间计量模型实证分析了风险投资介入对区域技术创新的影响及其空

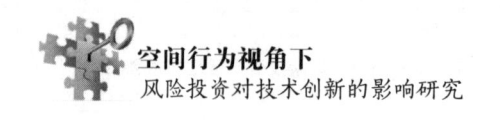

间溢出效应，得出如下结论。

我国29个省（区、市）的技术创新和风险投资存在显著的空间相关性。从全局和局部的 Moran's I 值、空间计量模型的空间项系数来看，全部显著为正，说明各个省份的技术创新和风险投资在空间上并非呈现随机分布状态，而与具有相似空间特征地区的技术创新能力或风险投资密切相关，即存在正向的空间自相关性，在空间上呈现出明显的集聚现象。换句话说，科技创新能力高和风险投资数量多的省（区、市）邻近，科技创新能力低和风险投资数量少的省（区、市）邻近。

风险投资能够显著地促进区域技术创新，且存在空间溢出效应。空间计量模型的实证结果显示，本地区风险投资数量和金额的增加，不仅影响本地区技术创新水平的提升，还会促进其他空间特征邻近地区技术创新水平的提升。另外，采用变换解释变量、变换空间矩阵权重、内生性检验等不同的稳健性检验方式，进一步验证了风险投资对区域技术创新存在显著的正向影响和空间溢出效应。

风险投资介入对区域技术创新的直接效应和空间溢出效应全部显著为正，即风险投资介入不仅能够促进本地区技术创新水平的提升，还会促进其他地区技术创新水平提升。并且，从直接效应和空间溢出效应的占比来看，空间溢出效应远高于直接效应，说明风险投资金额和数量增长所带来的空间溢出效应更能够显著地提升其他地区的技术创新水平。

因此，各级政府在制定提高科技创新政策时，应该在关注本地区风险投资等资源的同时，还需要考虑周边地区的风险投资和科技创新等发展策略和政策环境，积极搭建区域协作平台，加强交流与合作，从而有效利用周边地区的资源要素。风险投资发展不仅能够推动本地区科技创新水平的提升，还能有效推动"大众创业，万众创新"，促进科技产业的快速发展，增强国家核心竞争力。

8 主要结论与展望

8 主要结论与展望

"大众创业，万众创新"是我国经济发展的重要引擎，也是我国经济新常态的标志之一。技术创新是新时代我国经济发展的重要动力，已经成为衡量国家或者地区科技核心竞争力的重要指标，但是技术创新离不开金融的支持，需要有金融的助推。作为科技金融重要组成部分的风险投资迅速崛起，一方面是与世界新经济发展的衔接需要，另一方面也是国内企业科技含量逐步提高，创新能力逐渐增强的内在发展需要。本书从空间行为视角入手，紧紧围绕"风险投资介入对技术创新的作用机理"这一基本问题展开，从微观和宏观层面上，探讨了空间行为视角下风险投资对技术创新的影响。

8.1 主要结论

本书的研究以空间行为为背景，将地理距离、高铁通车和空间溢出效应纳入分析框架中，为研究风险投资介入对技术创新的影响提供了一个新的视角。从理论上探讨了风险投资介入对技术创新的影响因素及其作用过程；采用倾向得分匹配法（PSM）、双重差分模型（DID）、空间杜宾模型（SDM）、面板数据模型等方法从微观和宏观层面实证检验了风险投资、地理距离、高铁通车、空间溢出对技术创新的影响。主要结论如下。

第一，从基准分析来看，风险投资介入对发明专利和实用新型专利有显著的促进作用，但是对外观设计专利的影响并不显著；从风险投资特征来看，与单独风险投资相比，联合风险投资更能够显著地促进企业创新绩效的提升；从风险投资背景来讲，国有风险投资能够显著提升公司创新绩效，而私营风险投资和外资风险投资对公司创新绩效的影响不完全稳定。

第二，地理距离对企业技术创新会产生显著的负向影响；与外资风险投资机构相比，国有风险投资和私营风险投资对企业技术创新的影响更受地理距离的影响，距离越远，企业创新产出越少，并且国有风险投资受地理距离的影响更加明显；主风险投资机构与创业企业之间的距离越远，越不利于企业创新能力的提升；从投资策略来讲，无论联合风险投资还是单独风险投资，都会受地理距离远近的影响，但是单独风险投资机构受地理距离远近的影响更加明显。

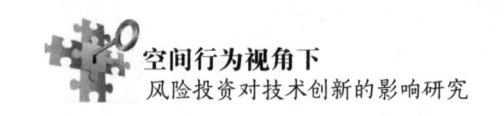

另外，采用更换被解释变量（用研发投入比例衡量技术创新）和解释变量（用风险投资持股比例衡量风险投资）的方式进行稳健性检验，检验结果与前文结论一致，即风险投资介入对企业技术创新的作用受地理距离远近的影响，并且随着距离的增加，企业技术创新产出减弱。

第三，高铁通车对各个城市技术创新水平、突破性创新水平和渐进性创新水平均有显著的促进作用，即相对于非高铁城市来讲，风险投资对高铁通车城市有显著的正向促进作用，并且二者之间的差距越来越大；从风险投资金额和风险投资数量来讲，风险投资金额与风险投资数量均能够显著地促进各个城市专利申请量等技术创新水平和发明专利等突破性创新水平提升，但是对渐进性创新发明的影响并不显著；从面板模型的分析结果看，高铁通车能够促进风险投资对各个城市技术创新能力的提升，风险投资数量和金额对各个城市技术创新水平的直接处理效应受城市开通高铁的影响，风险投资和高铁通车对各个城市的渐进性创新水平存在显著的正向影响。

第四，我国各省（区、市）的技术创新和风险投资存在显著的空间相关性，在空间上呈现出明显的集聚现象。换句话说，科技创新能力高和风险投资数量多的地区邻近，科技创新能力低和风险投资数量少的地区邻近；风险投资能够显著地促进区域技术创新，且存在空间溢出效应，即本地区风险投资数量和金额的增加，不仅影响本地区技术创新水平的提升，还会促进其他空间特征相邻地区技术创新水平的提升；风险投资对区域技术创新的直接效应和空间溢出效应全部显著为正，并且空间溢出效应占比远高于直接效应占比，即风险投资金额和数量增长带来的空间溢出效应更能够显著地提升其他地区的技术创新水平。

8.2 研究展望

通过回顾和系统梳理现有研究，结合本书研究的不足之处，笔者认为未来的研究可以从以下几个方面展开。

第一，延伸风险投资的维度，从多角度研究风险投资的作用。本书主要从风险投资背景、投资策略、持股比例、风险投资金额、风险投资数量等角度分析了风险投资对技术创新的影响，因数据等资料限制，本书没有从风险投资是否参与、资金支持和增值的区分等方面展开分析。未来研究可以从风险投资的资金支持功能与增值服务功能、财务投资与战略投资对企业技术创新的影响等方面展开。

第二，进一步解析风险投资对技术创新的作用机制。影响风险投资对技术创新作用的因素非常多，如风险投资者个人素质、个人社会网络关系、政治背景等。本书从前置变量、中介变量和调节变量三个方面分析了风险投资对技术创新的影响因素及其作用过程，并且引入地理距离、高铁通车等外生因素实证检验了风险投资对技术创新的影响。在未来的研究中，可利用新的理论深入剖析风险投资对技术创新的作用机制，如从组织学习理论出发，研究风险投资介入是否通过创业企业学习能力来提升技术创新能力，不断拓展和丰富风险投资对技术创新的影响机理与理论。

第三，采用多元化方法研究风险投资对技术创新的影响。现有研究主要采用统计和计量方法分析风险投资对技术创新的影响，并且采用的数据主要以二手统计数据为主，难以更加深入地分析风险投资与技术创新背后的原因。本书也采用计量经济学方法研究了空间行为视角下风险投资对技术创新的影响，如倾向得分匹配法、双重差分模型和空间计量模型等。但是，技术创新是一个长期过程，具有较大的不确定性，需要采用纵向追踪研究法和探索性案例分析法探讨风险投资与技术创新关系，以发现在技术创新的整个过程中风险投资与技术创新关系的一些转折点。因此，在未来的研究中，可采用多元化方法综合分析风险投资对技术创新的影响。

第四，采用多层面整体探讨风险投资对技术创新的影响。现有研究主要从企业层面分析了风险投资对技术创新的影响，部分文献也从行业和区域层面进行了分析，但是各个层面研究对象存在一定的差异，很少有文献从企业、行业、区域、国家等层面整体进行探讨，本书的相关研究也仅仅从企业和区域层面探讨了空间行为背景下风险投资对技术创新的影响。因此，在未来的研究中，可将企业、行业、区域、国家等多个层面相结合，从整体上系统分析风险投资对各个不同层面个体的技术创新的影响是否不同。

第五，注重县级城市层面的实证分析。现有研究主要从省级层面实证检验风险投资对技术创新的影响，而从县级层面进行分析的文献较少。本书在实证分析中主要采用市级城市和省级层面的数据进行了实证分析，如采用我国277个市级城市实证分析了高铁通车是否影响风险投资对技术创新的影响，将我国29个省（区、市）作为面板数据，采用空间杜宾模型分析了风险投资对技术创新的空间效应。因此，希望在未来的研究中，从县级层面出发，采用空间计量模型实证分析风险投资对技术创新的影响。

参考文献

白光润. 应用区位论 [M]. 北京：科学出版社，2009.

白俊红，王钺，蒋伏心，等. 研发要素流动、空间知识溢出与经济增长 [J]. 经济研究，2017 (7)：109-123.

白俊红. 中国的政府R&D资助有效吗？来自大中型工业企业的经验证据 [J]. 经济学（季刊），2011 (4)：1375-1400.

卞元超，吴利华，白俊红. 高铁开通、要素流动与区域经济差距 [J]. 财贸经济，2018 (6)：147-161.

蔡地，陈振龙，刘雪萍. 风险投资对创业企业研发活动的影响研究 [J]. 研究与发展管理，2015 (5)：1-11.

查博，郭菊娥，晏文隽. 风险投资三方委托代理关系——基于创业企业家过度自信与风投公司监督努力 [J]. 系统管理学报，2015 (2)：190-199+208.

柴彦威. 空间行为与行为空间 [M]. 南京：东南大学出版社，2014.

陈光华，王烨，杨国梁. 地理距离阻碍跨区域产学研合作绩效了吗？[J]. 科学学研究，2015 (1)：76-82.

陈洪天，沈维涛. 风险投资是新三板市场"积极的投资者"吗 [J]. 财贸经济，2018 (6)：73-87.

陈见丽. 风险投资能促进高新技术企业的技术创新吗？——基于中国创业板上市公司的经验证据 [J]. 经济管理，2011 (2)：71-77.

陈凯，李志萍，罗国锋，等. 技术邻近、本地风投参与对地理邻近的调节作用研究 [J]. 工业技术经济，2017 (4)：40-47.

陈凯，李志萍，罗国锋，等. 信息技术企业与风险资本的空间共生研究 [J]. 工业技术经济，2016 (1)：63-71.

陈思，何文龙，张然. 风险投资与企业创新：影响和潜在机制 [J]. 管理世界，2017 (1)：158-169.

陈庭强，肖斌卿，王冀宁，等. 风险投资中激励契约设计与学习机制研究 [J]. 系统工程理论与实践，2017 (5)：1123-1135.

陈伟. 风险投资的异质性会影响认证作用吗？——理论与实证研究 [J]. 投资研究, 2013 (6)：91-104.

陈伟. 风险投资的资本来源影响企业技术创新的机理分析和实证研究——基于非资本增值视角 [J]. 商业经济与管理, 2013 (9)：87-96.

陈艳, 罗正英. 分阶段投资策略对技术创新成果的影响——基于 DID 模型的研究 [J]. 苏州大学学报（哲学社会科学版）, 2018 (1)：107-114.

陈治, 张所地. 中国风险投资对技术创新推动效应的影响 [J]. 商业研究, 2013 (1)：138-144.

成思危. 风险投资在中国 [M]. 上海：上海交通大学出版社, 2007.

程昆, 刘仁和, 刘英. 风险投资对我国技术创新的作用研究 [J]. 经济问题探索, 2006 (10)：17-22.

崔毅, 陈悦林, 张晨. 风险投资区域集聚支持环境综合评价及差异分析 [J]. 科技管理研究, 2011 (2)：70-73.

单玉青, 买忆媛. 我国风险资本市场的波动性对企业创新活动的影响 [J]. 科技管理研究, 2007 (3)：15-18.

邓俊荣, 龙蓉蓉. 中国风险投资对技术创新作用的实证研究 [J]. 技术经济与管理研究, 2013 (6)：49-52.

丁川, 陈璐. 考虑风险企业家有公平偏好的风险投资激励机制——基于显性努力和隐性努力的视角 [J]. 管理科学学报, 2016 (4)：104-117.

丁健. 风险投资对中国科技创新企业创新发展的影响 [J]. 社会科学战线, 2022 (2)：246-251.

董静, 汪江平, 翟海燕, 等. 服务还是监控：风险投资机构对创业企业的管理——行业专长与不确定性的视角 [J]. 管理世界, 2017 (6)：82-103+187-188.

董静, 汪立, 吴友. 地理距离与风险投资策略选择——兼论市场环境与机构特质的调节作用 [J]. 南开管理评论, 2017 (2)：4-16.

董静, 汪立. 风险投资会影响创业企业战略选择吗？——文献评述与理论架构 [J]. 外国经济与管理, 2017 (2)：36-46+59.

董艳梅, 朱英明. 高铁建设的就业效应研究——基于中国 285 个城市倾向匹配倍差法的证据 [J]. 经济管理, 2016 (11)：26-44.

杜江, 张伟科, 范锦玲, 等. 科技金融对科技创新影响的空间效应分析 [J]. 软科学, 2017 (4)：19-22+36.

杜江, 张伟科, 葛尧. 产业集聚对区域技术创新影响的双重特征分析 [J]. 软

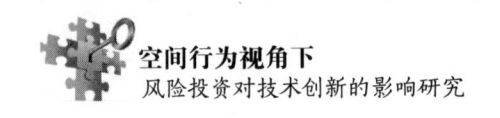

科学, 2017 (11): 1-5.

方嘉雯, 刘海猛. 京津冀城市群创业风险投资的时空分布特征及影响机制 [J]. 地理科学进展, 2017 (1): 68-77.

冯冰, 杨敏利, 王凤. 阶段投资对风险投资机构投资绩效的影响: 投资区域的调节作用 [J]. 科研管理, 2016, 37 (2): 124-131.

冯照桢, 温军, 刘庆岩. 风险投资与技术创新的非线性关系研究——基于省级数据的 PSTR 分析 [J]. 产业经济研究, 2016 (2): 32-42.

傅家骥. 中国技术创新理论研究 [J]. 政策与管理, 2001 (12): 42-42.

高波. 风险投资溢出效应: 一个分析框架 [J]. 南京大学学报 (哲学·人文科学·社会科学版), 2003 (4): 140-145.

苟燕楠, 董静. 风险投资背景对企业技术创新的影响研究 [J]. 科研管理, 2014 (2): 35-42.

苟燕楠, 董静. 风险投资进入时机对企业技术创新的影响研究 [J]. 中国软科学, 2013 (3): 132-140.

郭玥. 政府创新补助的信号传递机制与企业创新 [J]. 中国工业经济, 2018 (9): 98-116.

韩坚, 费婷怡, 吴胜男, 等. 产业集聚、空间效应与区域创新研究 [J]. 财政研究, 2017 (8): 90-100.

胡永平. 技术专家高管、风险投资与创业企业技术研发——基于创业期差异视角的实证研究 [J]. 经济经纬, 2018 (5): 108-114.

皇甫玉婷, 刘澄, 王未卿. 风险投资与企业创新成长: 基于中小板和创业板上市公司的研究 [J]. 改革, 2018 (9): 102-114.

黄福广, 王建业, 朱桂龙. 风险资本专业化对被投资企业技术创新的影响 [J]. 科学学研究, 2016 (12): 1875-1885.

黄铭, 朱孝忠. 风险投资对技术创新的作用研究——来自中国省际数据的经验证据 [J]. 淮南师范学院学报, 2012 (1): 32-35.

贾镜渝, 李文, 郭斌. 经验是如何影响中国企业跨国并购成败的——基于地理距离与政府角色的视角 [J]. 国际贸易问题, 2015 (10): 87-97.

勒菲弗. 空间与政治 [M]. 李春, 译. 上海: 上海人民出版社, 2008.

李宏贵, 曹迎迎, 陈忠卫. 新创企业的生命周期、创新方式与关系网络 [J]. 外国经济与管理, 2017 (8): 16-27.

李婧, 谭清美, 白俊红. 中国区域创新生产的空间计量分析——基于静态与动态空间面板模型的实证研究 [J]. 管理世界, 2010 (7): 43-55+65.

李九斤，刘东，安实. 风险投资特征对企业技术创新的影响研究 [J]. 上海金融，2018（7）：75-84.

李萌，包瑞. 风险投资支持战略性新兴产业发展分析 [J]. 宏观经济研究，2016（8）：123-128.

李平，刘利利. 政府研发资助、企业研发投入与中国创新效率 [J]. 科研管理，2017（1）：21-29.

李胜楠，杨安琪，牛建波. 战略风险投资能促进企业上市后的创新吗？[J]. 财经问题研究，2021（3）：49-59.

李云鹤，李文. 风险投资与战略性新兴产业企业资本配置效率——基于创业板战略新兴指数样本公司的实证研究 [J]. 证券市场导报，2016（3）：40-46.

李云鹤. 公司治理与企业异质研发创新——基于创业板战略性新兴产业上市公司的实证研究 [J]. 证券市场导报，2014（12）：26-31.

李占强，李广. 开放式R&D、R&D网络与R&D能力的互动演进——跨案例的纵向比较研究 [J]. 科学学与科学技术管理，2013（6）：31-43.

李志萍，罗国锋，龙丹，等. 风险投资的地理亲近：对中国风险投资的实证研究 [J]. 管理科学，2014（3）：124-132.

刘娥平，钟君煜，施燕平. 风险投资的溢出效应 [J]. 财经研究，2018（9）：52-65.

龙勇，梅德强，常青华. 风险投资对高新技术企业技术联盟策略影响——以吸收能力为中介的实证研究 [J]. 科研管理，2011，32（7）：76-84.

龙勇，时萍萍. 风险投资对高新技术企业的技术创新效应影响 [J]. 经济与管理研究，2012（7）：38-44.

龙勇，刘誉豪. 风险投资的非资本增值服务与高新技术企业技术能力关系的实证研究 [J]. 科技进步与对策，2013（3）：63-67.

龙玉，李曜. 风险投资应该舍近求远吗——基于我国风险投资区域退出率的实证研究 [J]. 财贸经济，2016（6）：129-145.

龙玉，赵海龙，张新德，等. 时空压缩下的风险投资——高铁通车与风险投资区域变化 [J]. 经济研究，2017（4）：195-208.

芦锋，韩尚容. 我国科技金融对科技创新的影响研究——基于面板模型的分析 [J]. 中国软科学，2015（6）：139-147.

陆大道. 区位论及区域研究方法 [M]. 北京：科学出版社，1988.

路娟，张勇，朱俊杰. 吸收能力对区域创新绩效与经济增长的调节效应研究 [J]. 宏观经济研究，2017（9）：107-118.

罗炜, 余琰, 周晓松. 处置效应与风险投资机构: 来自 IPO 公司的证据 [J]. 经济研究, 2017 (4): 181−194.

马光荣, 刘明, 杨恩艳. 银行授信、信贷紧缩与企业研发 [J]. 金融研究, 2014 (7): 76−93.

马嫣然, 蔡建峰, 王森. 风险投资背景、持股比例对初创企业技术创新产出的影响——研发投入的中介效应 [J]. 科技进步与对策, 2018 (15): 1−8.

苗文龙, 钟世和, 周潮. 金融周期、行业技术周期与经济结构优化 [J]. 金融研究, 2018 (3): 36−52.

齐绍洲, 张倩, 王班班. 新能源企业创新的市场化激励——基于风险投资和企业专利数据的研究 [J]. 中国工业经济, 2017 (12): 95−112.

钱苹, 张帏. 我国创业投资的回报率及其影响因素 [J]. 经济研究, 2007 (5): 78−90.

乔桂明, 屠立峰, 李晶. 地理距离对风险投资辛迪加模式优势的影响研究 [J]. 财经问题研究, 2014 (10): 99−105.

乔桂明, 卜亚. 风险投资中委托代理问题与制度安排 [J]. 科研管理, 2004 (1): 118−122.

权小锋, 尹洪英. 风险投资持股对股价崩盘风险的影响研究 [J]. 科研管理, 2017 (12): 89−98.

权小锋, 徐星美. 风险投资、内部控制与审计定价 [J]. 财经研究, 2017 (6): 132−145.

宋跃刚, 杜江. 制度变迁、OFDI 逆向技术溢出与区域技术创新 [J]. 世界经济研究, 2015 (9): 60−73+128.

睢博. 风险投资、空间临近性与区域创新 [J]. 青海社会科学, 2018 (2): 109−117+124.

谈毅, 陆海天, 高大胜. 风险投资参与对中小企业板上市公司的影响 [J]. 证券市场导报, 2009 (5): 26−33.

王兰. 关系专用性投资、VC 治理行为与技术创新绩效 [J]. 科研管理, 2017 (6): 91−99.

王婷. 区域视角下风险投资对技术创新的促进效应研究 [J]. 科学学研究, 2016 (10): 1576−1582+1592.

王曦, 党兴华. 本地偏好对退出绩效的影响研究——基于中国本土风险投资机构的经验检验 [J]. 科研管理, 2014 (2): 111−118.

王垚, 年猛. 高速铁路与城市规模扩张——基于中国的实证研究 [J]. 财经科学，2014（10）：113-122.

温军，冯根福. 风险投资与企业创新："增值"与"攫取"的权衡视角[J]. 经济研究，2018（2）：185-199.

吴超鹏，吴世农，程静雅，等. 风险投资对上市公司投融资行为影响的实证研究[J]. 经济研究，2012（1）：105-119+160.

吴超鹏，张媛. 风险投资对上市公司股利政策影响的实证研究[J]. 金融研究，2017（9）：178-191.

吴翠凤，吴世农，刘威. 风险投资介入创业企业偏好及其方式研究——基于中国创业板上市公司的经验数据[J]. 南开管理评论，2014（5）：151-160.

吴涛，赵增耀. 风险投资对创业板上市公司技术创新影响的实证研究[J]. 科技管理研究，2016（14）：12-17+23.

吴应宇，路云. 企业可持续竞争能力及其影响因素分析[J]. 中国软科学，2003（9）：88-91.

吴友，董静. 风险投资与企业创新：效果评估与机制验证[J]. 上海经济研究，2022（4）：112-128.

吴育辉，吴翠凤，吴世农. 风险资本介入会提高企业的经营绩效吗？——基于中国创业板上市公司的证据[J]. 管理科学学报，2016（7）：85-101.

肖文，林高榜. 政府支持、研发管理与技术创新效率——基于中国工业行业的实证分析[J]. 管理世界，2014（4）：71-80.

谢雅萍，宋超俐，郑陈国，等. 风险投资对技术创业绩效的影响——考虑战略导向的中介作用[J]. 技术经济，2018（5）：93-102.

谢雅萍，宋超俐. 风险投资对企业技术创新的影响[J]. 自然辩证法研究，2016（7）：57-61.

谢雅萍，宋超俐. 风险投资与技术创新关系研究现状探析与未来展望[J]. 外国经济与管理，2017（2）：47-59.

徐海龙，王宏伟. 科技型中小企业全生命周期金融支持研究——基于风险特征的分析视角[J]. 科学管理研究，2018（3）：56-59.

徐明. 政府风险投资、代理问题与企业创新——来自政府引导基金介入的证据[J]. 南开经济研究，2022（2）：51-67.

徐强，王婷. 创业投资与地区经济发展——基于长三角地区上市公司的实证[J]. 管理学刊，2018（5）：22-33.

徐向阳，陆海天，孟为. 风险投资与企业创新：基于风险资本专利信号敏感度的视角[J]. 管理评论，2018（10）：58-72+118.

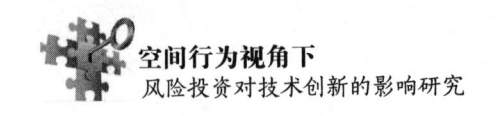

薛力，郭菊娥. 风险投资机构内部融资模式对风险投资家股权投资策略的影响[J]. 系统管理学报，2018（2）：201−207.

闫彦明. 金融区位导论——金融经济学视角[M]. 上海：上海社会科学院出版社，2012.

杨建君，盛锁. 股权结构对企业技术创新投入影响的实证研究[J]. 科学学研究，2007（4）：787−792.

杨青，彭金鑫. 创业风险投资产业和高技术产业共生模式研究[J]. 软科学，2011（2）：11−14.

杨晔，邵同尧. 基于面板数据的风险投资与区域创新因果关系研究[J]. 管理评论，2012（6）：27−33.

姚丽，郭永济. 风险投资对于区域技术创新水平的溢出效应研究——基于空间面板模型[J]. 区域金融研究，2017（8）：16−21.

姚丽. 风险投资、区域技术创新水平与空间效应——基于省际空间面板数据的实证研究[J]. 当代经济管理，2018（6）：7−12.

姚铮，杨波，胡梦婕. 风险投资声誉背景下契约类别对风险企业成长绩效的影响研究[J]. 浙江大学学报（人文社会科学版），2017（6）：58−73

殷宝庆，肖文，刘洋. 绿色研发投入与"中国制造"在全球价值链的攀升[J]. 科学学研究，2018（8）：1395−1403+1504.

于永达，陆文香. 风险投资和科技企业创新效率：助力还是阻力？[J]. 上海经济研究，2017（8）：47−60.

余泳泽，刘大勇. 我国区域创新效率的空间外溢效应与价值链外溢效应——创新价值链视角下的多维空间面板模型研究[J]. 管理世界，2013（7）：6−20+70+187.

袁新敏. 风险投资空间行为研究：文献综述与启示[J]. 中国科技论坛，2012（8）：64−69.

詹正华，田洋洋，王雷. 联合风险投资对目标企业技术创新能力的影响——基于深圳创业板上市企业的经验分析[J]. 技术经济，2015（6）：24−30.

詹正华，田洋洋，王雷. 联合风险投资对制造业企业技术创新能力的影响[J]. 科学决策，2016（10）：47−62.

张涵. 投资、技术溢出与欧盟区域创新发展研究[J]. 科学学与科学技术管理，2017（9）：38−49.

张俊. 高铁建设与县域经济发展——基于卫星灯光数据的研究[J]. 经济学（季刊），2017（4）：1533−1562.

张林. 金融发展、科技创新与实体经济增长——基于空间计量的实证研究 [J]. 金融经济学研究, 2016 (1): 14-25.

张伟科. 风险投资介入与企业创新: 基于 PSM 模型的经验证据 [J]. 科技进步与对策, 2020 (2): 10-18.

张学勇, 张叶青. 风险投资、创新能力与公司 IPO 的市场表现 [J]. 经济研究, 2016 (10): 112-125.

张志敏, 俞成森. 金融结构与企业技术创新: 基于融资渠道和性质的研究 [J]. 宏观经济研究, 2018 (8): 17-26.

赵琳, 谢永珍. 异质外部董事对创业企业价值的影响——基于非线性的董事会行为中介效应检验 [J]. 山西财经大学学报, 2013 (11): 86-94.

郑磊, 张伟科. 科技金融对科技创新的非线性影响——一种 U 型关系 [J]. 软科学, 2018 (7): 16-20.

钟凯, 杨鸣京, 程小可. 制度环境、公司治理与企业创新投资: 回顾与展望 [J]. 金融评论, 2017 (6): 60-71+124-125.

周率, 程勇, 周孝华. 我国开放式股票型基金的"投资风格漂移"现象研究 [J]. 管理世界, 2018 (6): 175-176.

周绍妮, 王言, 宋梦雅. 机构投资者持股能抑制国企高杠杆并购吗? [J]. 商业研究, 2018 (10): 118-127.

庄新霞, 欧忠辉, 周小亮, 等. 风险投资与上市企业创新投入: 产权属性和制度环境的调节 [J]. 科研管理, 2017 (11): 48-56.

邹双, 成力为. 风险投资进入对企业创新绩效的影响——基于创业板制造业企业的 PSM 检验 [J]. 科学学与科学技术管理, 2017 (2): 68-76.

ALVAREZ GARRIDO E, DUSHNITSKY G. Are Entrepreneurial Venture's Innovation Rates Sensitive to Investor Complementary Assets? Comparing Biotech Ventures Backed by Corporate and Independent VCs [J]. Strategic Management Journal, 2016 (5): 819-834.

ALVAREZ GARRIDO E, DUSHNITSKY G. Publications and Patents in Corporate Venture-Backed Biotech [J]. Nature Biotechnology, 2013 (6): 495-502.

ANGRIST J D, KRUEGER A B. Empirical Strategies in Labor Economics [J]. Social Science Electronic Publishing, 1998, (1): 1277-1366.

ANSELIN L, ARRIBAS-BEL D. Spatial Fixed Effects and Spatial Dependence in A Single Cross-Section [J]. Papers in Regional Science, 2013 (1): 3-17.

ANSELIN L. Spatial Econometrics: Methods and Models [M]. Dordrecht: Kluwer Academic Press, 1988.

ANSELIN L. Spatial Processes, Models and Applications [J]. Economic Geography, 1983 (3): 322−325.

AZOULAY D, BHANGUI P, SALLOUM C, et al. Donor Morbidity in Right Lobe Living Donor Liver Transplantation: 91 Consecutive Cases in A European Centre: 977 [J]. Transplantation, 2010, 90: 76.

BARNEY J. Firm Resources and Sustained Competitive Advantage [J]. Journal of Management, 1991 (1): 99−120.

BARRO R J, LEE J W. International Comparisons of Educational Attainment [J]. Journal of Monetary Economics, 1993 (3): 363−394.

BAUM J A C, SILVERMAN B S. Picking Winners or Building Them? Alliance, Intellectual, and Human Capital as Selection Criteria in Venture Financing and Performance of Biotechnology Startups [J]. Journal of Business Venturing, 2004 (3): 411−436.

BELOTTI F, MORTARI A P, HUGHES G. Spatial Panel-Data Models Using Stata [J]. Ceis Research Paper, 2017 (1): 139−180.

BENDER M. Spatial Proximity in Venture Capital Financing: A Theoretical and Empirical Analysis of Germany [M]. Munich: Gabler Verlag press, 2011.

BERNSTEIN S, GIROUD X, Townsend R R. The Impact of Venture Capital Monitoring [J]. The Journal of Finance, 2016 (4): 1591−1622.

BERTONI F, COLOMBO M G, QUAS A. The Patterns of Venture Capital Investment in Europe [J]. Small Business Economics, 2015 (3): 543−560.

BERTONI F, CROCE A, D'ADDA D. Venture Capital Investments and Patenting Activity of High-Tech Start-Ups: A Micro-Econometric Firm-Level Analysis [J]. Venture Capital, 2010 (4): 307−326.

BERTONI F, TYKVOVA T. Which Form of Venture Capital Is Most Supportive of Innovation? [R]. ZEW-Centre for European Economic Research Discussion, Paper No. 12−18, 2012.

BERTONI F, TYKVOVÁ T. Does Governmental Venture Capital Spur Invention and Innovation? Evidence from Young European Biotech

Companies [J]. Research Policy, 2015 (4): 925-935.

BOGLIACINO F, LUCCHESE M. Endogenous Skill Biased Technical Change: Testing for Demand Pull Effect [J]. Social Science Electronic Publishing, 2011 (2): 227-243.

BOTTAZZI L, RIN M D, HELLMANN T. Who Are the Active Investors? Evidence from Venture Capital [J]. Journal of Financial Economics, 2008 (3): 488-512.

BOTTAZZI L, RIN M D. Venture Capital in Europe and the Financing of Innovative Companies [J]. Economic Policy, 2002 (34): 229-270.

BRANDER J A, AMIT R, ANTWEILER W. Venture Capital Syndication: Improved Venture Selection vs. the Value-Added Hypothesis [J]. Journal of Economics & Management Strategy, 2010 (3): 423-452.

BRANDER J A, DU Q, HELLMANN T. The Effects of Government-Sponsored Venture Capital: International Evidence [J]. Review of Finance, 2015 (2): 571-618.

BRINGMANN K, VANOUTRIVE T, VERHETSEL A. Venture Capital: The Effect of Local and Global Social Ties on Firm Performance [J]. Papers in Regional Science, 2016 (3): 737-755.

BUTLER A W, GOKTAN M S. On the Role of Inexperienced Venture Capitalists in Taking Companies Public [J]. Journal of Corporate Finance, 2013 (1): 299-319.

CASAMATTA C. Financing and Advising: Optimal Financial Contracts with Venture Capitalists [J]. The Journal of Finance, 2003 (5): 2059-2085.

CHEMMANUR T J, FULGHIERI P. Entrepreneurial Finance and Innovation: An Introduction and Agenda for Future Research [J]. Review of Financial Studies, 2014 (1): 1-19.

CHEMMANUR T J, KRISHNAN K, NANDY D K. How Does Venture Capital Financing Improve Efficiency in Private Firms? A Look Beneath the Surface [J]. Social Science Electronic Publishing, 2011 (12): 4037-4090.

CHEMMANUR T, LOUTSKINA E, TIAN X. Corporate Venture Capital, Value Creation, and Innovation [J]. Social Science Electronic Publishing, 2011 (8): 2434-2473.

CHEN H, GOMPERS P, KOVNER A, et al. Buy Local? The Geography of

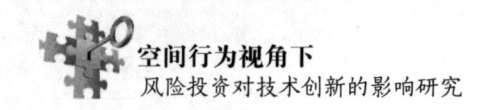

Venture Capital [J]. Journal of Urban Economics, 2010 (1): 90−102.

CHEN K, CHU T, BILLOTA R. A Spatial Investigation of Venture Capital Investment in the US Biotechnology Industry, 1995−2008 [J]. Geojournal, 2011 (3): 267−282.

CHESBROUGH H, PRENCIPE A. Networks of Innovation and Modularity: A Dynamic Perspective [J]. International Journal of Technology Management, 2008 (4): 414−425.

CROCE A, MARTÍ J, MURTINU S. The Impact of Venture Capital on the Productivity Growth of European Entrepreneurial Firms: 'Screening' or 'Value Added' Effect? [J]. Journal of Business Venturing, 2013 (4): 489−510.

CUMMING D, DAI N. Local Bias in Venture Capital Investments [J]. Journal of Empirical Finance, 2010 (3): 362−380.

CUMMING D, SCHMIDT D, WALZ U. Legality and Venture Capital Governance Around the World [J]. Journal of Business Venturing, 2010 (1): 54−72.

CUMMING D, DAI N. Local Bias in Venture Capital Investments [J]. Journal of Empirical Finance, 2010 (3): 362−380.

CUMMING, DOUGLAS-DAI. Why Do Entrepreneurs Switch Lead Venture Capitalists? [J]. Entrepreneurship Theory & Practice, 2013 (5): 999−1017.

DARBY M R, ZUCKER L G. Grilichesian Breakthroughs: Inventions of Methods of Inventing and Firm Entry in Nanotechnology [J]. Annales Déconomie Et De Statistique, 2005 (79/80): 143−164.

DAVIS L, NORTH D. Institutional Change and American Economic Growth: A First Step Towards a Theory of Institutional Innovation [J]. Journal of Economic History, 1970 (1): 131−149.

DESSI R, YIN N. Venture Capital and Knowledge Transfer [J]. TSE Working Papers, 2015 (1): 51−54.

DEVIGNE D, VANACKER T, MANIGART S, et al. The Role of Domestic and Cross-Border Venture Capital Investors in the Growth of Portfolio Companies [J]. Small Business Economics, 2013 (3): 553−573.

DONALDSON D., HORNBECK R. Railroads and American Economic

Growth: A "Market Access" Approach [J]. The Quarterly Journal of Economics, 2016 (2): 799-858.

DOUGLAS J. Capital Structure in Venture Finance [J]. Journal of Corporate Finance, 2005 (3): 550-585.

DUSHNITSKY G, LENOX M J. When Do Incumbents Learn from Entrepreneurial Ventures?: Corporate Venture Capital and Investing Firm Innovation Rates [J]. Research Policy, 2005 (5): 615-639.

ELHORST J P. Applied Spatial Econometrics: Raising the Bar [J]. Spatial Economic Analysis, 2010 (1): 9-28.

ENGEL D, KEILBACH M. Firm-Level Implications of Early Stage Venture Capital Investment—An Empirical Investigation [J]. Journal of Empirical Finance, 2007 (2): 150-167.

FARIA A P, NATÁLIA B. Does Venture Capital Really Foster Innovation? [J]. Economics Letters, 2014 (2): 129-131.

FAULCONBRIDGE J. Global Shift. Mapping the Changing Contours of the World Economy (5th Edition) Peter Dicken [J]. Journal of Economic Geography, 2007 (6): 777-779.

FLEMING J J. The Decline of Venture Capital Investment in Early-Stage Life Sciences Poses a Challenge to Continued Innovation [J]. Health Affairs, 2015 (2): 271-276.

FLORIDA R L, KENNEY M. Venture Capital, High Technology and Regional Development [J]. Regional Studies, 1988 (1): 33-48.

FREEMAN C. Technology Policy and Economic Performance: Lessons from Japan [M]. London: Printer Publishers, 1987.

FREEMAN C. The Economics of Industrial Innovation [J]. Social Science Electronic Publishing, 1997 (2): 215-219.

FRENCH K R, Poterba J M. Investor Diversification and International Equity Markets [J]. American Economic Review, 1991 (2): 222-226.

FRITSCH M, SCHILDER D. Does Venture Capital Investment Really Require Spatial Proximity? —An Empirical Investigation [J]. Environment and Planning A, 2008 (9): 2114-2131.

FRITSCH M, SCHILDER D. The Regional Supply of Venture Capital: Can Syndication Overcome Bottlenecks? [J]. Economic Geography, 2012 (1):

59—76.

FÉLIX E G S, PIRES C P, GULAMHUSSEN M A. The Determinants of Venture Capital in Europe—Evidence Across Countries [J]. Journal of Financial Services Research, 2013 (3): 259—279.

GERASYMENKO V, DE CLERCQ D, SAPIENZA H J. Changing the Business Model: Effects of Venture Capital Firms and Outside CEOs on Portfolio Company Performance [J]. Strategic Entrepreneurship Journal, 2015 (1): 79—98.

GIULIANI E. Human Rights and Corporate Social Responsibility in Developing Countries' Industrial Clusters [J]. Journal of Business Ethics, 2016 (1): 39—54.

GOMPERS P, LERNER J. An Analysis of Compensation in the U. S. Venture Capital Partnership [J]. Journal of Financial Economics, 1999 (1): 3—44.

GRILLI M, CHEN-TRAN A, LENARDO M J. "Sticky Information" and the Locus of Problem Solving: Implications for Innovation [J]. Management Science, 1994 (4): 429—439.

GUENTHER C, JOHAN S, SCHWEIZER D. Is the Crowd Sensitive to Distance? —How Investment Decisions Differ by Investor Type [J]. Small Business Economics, 2018 (2): 289—305.

HALL B H, HARHOFF D. Recent Research on the Economics of Patents [J]. Annual Review of Economics, 2012 (1): 541—565.

HE C, YEUNG G. The Locational Distribution of Foreign Banks in China: A Disaggregated Analysis [J]. Regional Studies, 2011 (6): 733—754.

HE Z, WINTOKI M B. The Cost of Innovation: R&D and High Cash Holdings in U. S. Firms [J]. Journal of Corporate Finance, 2016 (12): 280—303.

HECKMAN J J, LOCHNER L, TABER C. General-Equilibrium Treatment Effects: A Study of Tuition Policy [J]. American Economic Review, 1998 (2): 381—386.

HECKMAN J. Instrumental Variables: A Study of Implicit Behavioral Assumptions Used in Making Program Evaluations [J]. Journal of Human Resources, 1997 (3): 441—462.

HELLMANN T, PURI M. Venture Capital and the Professionalization of Start-Ups: Empirical Evidence [J]. Journal of Finance, 2002 (1): 169−197.

HIRUKAWA M. Venture Capital and Innovation: Which is First? [J]. Cepr Discussion Papers, 2008 (4): 421 − 465.

HOCHBERG Y V, MAZZEO M J, MCDEVITT R C. Specialization and Competition in the Venture Capital Industry [J]. Review of Industrial Organization, 2015 (4): 323−347.

HOENEN S, KOLYMPIRIS C, SCHOENMAKERS W, et al. The Diminishing Signaling Value of Patents between Early Rounds of Venture Capital Financing [J]. Research Policy, 2014 (6): 956−989.

HOSMER D W. Model-building Strategies and Methods for Logistic Regression [J]. Applied Logistic Regression, 2013: 89−151.

HSU D H, ZIEDONIS R H. Resources as Dual Sources of Advantage: Implications for Valuing Entrepreneurial − Firm Patents [J]. Strategic Management Journal, 2013 (7): 761−781.

INDERST R, MUELLER H M. Early-Stage Financing and Firm Growth in New Industries [J]. Journal of Financial Economics, 2009 (2): 276−291.

Ivković Z, Weisbenner S. Local Does as Local Is: Information Content of the Geography of Individual Investors' Common Stock Investments [J]. Journal of Finance, 2005 (1): 267−306. JAASKELAINEN M, MAULA M. Do Networks of Financial Intermediaries Help Reduce Local Bias? Evidence from Cross-Border Venture Capital Exits [J]. Journal of Business Venturing, 2014 (5): 704−721.

JAFFE A B. Real Effects of Academic Research [J]. The American Economic Review, 1989 (5): 957−970.

JAKLE J A, BRUNN S, ROSEMAN C C. Human Spatial Behavior [M]. North Scituate, MA: Duxbury Press, 1976.

JÄÄSKELÄINEN M, MAULA M. Do Networks of Financial Intermediaries Help Reduce Local Bias? Evidence from Cross-Border Venture Capital Exits [J]. Journal of Business Venturing, 2014 (5): 704−721.

KANG H D, NANDA V K. Corporate Venture Capital, Technology Spillovers, and Capital Gains: Evidence from the Biopharmaceutical Industry

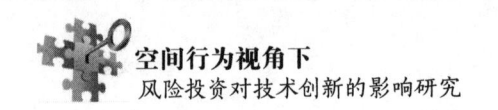

[J]. Social Science Electronic Publishing, 2014.

KELEJIAN H H, PRUCHA I R, YUZEFOVICH Y. Instrumental Variable Estimation of a Spatial Autoregressive Model with Autoregressive Disturbances: Large and Small Sample Results [J]. Advances in Econometrics, 2004 (1): 163-198.

KHANKER S R, KOOWAL G B, SAMAD H A. Handbook on Impact Evaluation, Quantitative Methods [M]. Washington DC: World bank, 2010.

KOLYMPIRIS C, HOENEN S, KALAITZANDONAKES N. Geographic Distance between Venture Capitalists and Target Firms and the Value of Quality Signals [J]. Industrial and Corporate Change, 2018 (1): 189-220.

KOLYMPIRIS C, KALAITZANDONAKES N, MILLER D. Spatial Collocation and Venture Capital in the US Biotechnology Industry [J]. Research Policy, 2011 (9): 1188-1199.

KORTUM S, LERNER J. Assessing the Contribution of Venture Capital to Innovation [J]. Rand Journal of Economics, 2000 (4): 674-692.

LAHR H, MINA A. Venture Capital Investments and the Technological Performance of Portfolio Firms [J]. Research Policy, 2015 (1): 303-318.

LAU A K W, LO W. Regional Innovation System, Absorptive Capacity and Innovation Performance: An Empirical Study [J]. Technological Forecasting & Social Change, 2015 (3): 99-114.

LEE S U, KANG J. Technological Diversification Through Corporate Venture Capital Investments: Creating Various Options to Strengthen Dynamic Capabilities [J]. Industry and Innovation, 2015 (5): 349-374.

LEINBACH T R, AMRHEIN C. A Geography of the Venture Capital Industry in the US [J]. The Professional Geographer, 1987 (2): 146-158.

LERNER J. Venture Capitalists and the Oversight of Private Firms [J]. The Journal of Finance, 1995 (1): 301-318.

LIAN Y, SU Z, GU Y. Evaluating the Effects of Equity Incentives Using PSM: Evidence from China [J]. Frontiers of Business Research in China, 2011 (2): 266-290.

LIAO W M, LU C C, WANG H. Venture Capital, Corporate Governance, and Financial Stability of IPO Firms [J]. Emerging Markets Review, 2014 (1): 19-33.

LIEGSALZ J, WAGNER S. Patent Examination at the State Intellectual Property Office in China [J]. Research Policy, 2013 (2): 552-563.

LUTZ E, BENDER M, ACHLEITNER A K, et al. Importance of Spatial Proximity between Venture Capital Investors and Investees in Germany [J]. Journal of Business Research, 2013 (11): 2346-2354.

LUUKKONEN T, DESCHRYVERE M, BERTONI F. The Value Added by Government Venture Capital Funds Compared with Independent Venture Capital Funds [J]. Technovation, 2013 (4-5): 154-162.

MARTIN R, BERNDT C, KLAGGE B, et al. Spatial Proximity Effects and Regional Equity Gaps in the Venture Capital Market: Evidence from Germany and the United Kingdom [J]. Social Science Electronic Publishing, 2005 (7): 1207-1231.

MUESER R. Identifying Technical Innovations [J]. Engineering Management IEEE Transactions on, 1985 (4): 158-176.

MULL F H. Towards a Positive Theory of Venture Capital [M]. Athens: University of Georgia, 1990.

NELSON R R. National Innovation Systems: A Retrospective on a Study [M]. Oxford University Press, 1993.

NEWBERY D M G. Preemptive Patenting and the Persistence of Monopoly [J]. American Economic Review, 2001 (3): 514-526.

NI H, LUAN T, CAO Y, et al. Can Venture Capital Trigger Innovation? New Evidence from China [J]. International Journal of Technology Management, 2014, 65: 189-214.

OTCHERE I, VONG A P I. Venture Capitalist Participation and the Performance of Chinese IPOs [J]. Emerging Markets Review, 2016 (12): 226-245.

PACLINCK J, KLAASSEN L. Spatial Econometrics [J]. Saxon House, Farnborough, 1979.

PEARCE R D, SINGH S. The Internationalization of Research and Development: A Firm-Level Analysis of Determinants [J]. Globalizing

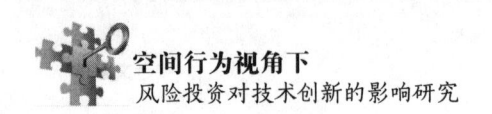

Research and Development, 1992: 86-111.

POPOV A, ROOSENBOOM P. Venture Capital and Patented Innovation: Evidence from Europe [J]. Economic Policy, 2012 (71): 447-482.

PURI M, ZARUTSKIE R. On the Life Cycle Dynamics of Venture-Capital and Non-Venture-Capital Financed Firms [J]. Journal of Finance, 2012 (6): 2247-2293.

RAGOZZINO A R. The Effects of Geographic Distance on the Foreign Acquisition Activity of U. S. Firms [J]. Management International Review, 2009 (4): 509-535.

REED H C. The Preeminence of International Financial Centers [M]. Praeger, 1981.

REID G C. Fast Growing Small Entrepreneurial Firms and Their Venture Capital Backers: An Applied Principal-Agent Analysis [J]. Small Business Economics, 1996 (3): 235-248.

RIN M D, PENAS M F. Venture Capital and Innovation Strategies [J]. Industrial and Corporate Change, 2017 (5): 781-800.

ROMÃO J, NIJKAMP P. Impacts of Innovation, Productivity and Specialization on Tourism Competitiveness—A Spatial Econometric Analysis on European Regions [J]. Current Issues in Tourism, 2017 (2): 1-20.

ROSENBAUM P R, RUBIN D B. Assessing Sensitivity to an Unobserved Binary Covariate in an Observational Study with Binary Outcome [J]. Journal of the Royal Statistical Society, 1983 (2): 212-218.

ROSENBAUM P R, RUBIN D B. Constructing a Control Group Using Multivariate Matched Sampling Methods That Incorporate the Propensity Score [J]. The American Statistician, 1985 (1): 33-38.

ROSENBUSCH N, BRINCKMANN J, MÜLLER V. Does Acquiring Venture Capital Pay off for the Funded Firms? A Meta-Analysis on the Relationship between Venture Capital Investment and Funded Firm Financial Performance [J]. Journal of Business Venturing, 2013 (3): 335-353.

SARGON B, KATIRCIOĞLU S. The Role of Innovation in Venture Capital: Empirical Evidence from European Union and EFTA Countries [J]. Applied Economics Letters, 2018 (4): 335-340.

SCHERNGELL T, BOROWIECKI M, HU Y. Effects of Knowledge Capital on Total Factor Productivity in China: A Spatial Econometric Perspective [J]. China Economic Review, 2014 (6): 82-94.

SHEFER D, FRENKEL A. Local Milieu and Innovations: Some Empirical Results [J]. The Annals of Regional Science, 1998 (1): 185-200.

SOLOW R M. Technological Change and the Aggregate Production Function [J]. Review of Economics and Statistics, 1957 (3): 312-320.

SORENSON O, STUART T E. Syndication Networks and the Spatial Distribution of Venture Capital Investments [J]. American Journal of Sociology, 2001 (6): 1546-1588.

STUCK B, WEINGARTEN M. How Venture Capital Thwarts Innovation [J]. IEEE Spectrum, 2005 (4): 50-55.

STURMER T, JOSHI M, GLYNN R J, et al. A Review of the Application of Propensity Score Methods Yielded Increasing Use, Advantages in Specific Settings, But Not Substantially Different Estimates Compared with Conventional Multivariable Methods [J]. Journal of Clinical Epidemiology, 2006 (5): 437-458.

SUNNY S A, SUN S L. Venture Capital as an Ecosystem Engineer for Regional Innovation in an Emerging Market [J]. International Business Review, 2018 (2): 13-18.

TIAN X L, KOU G, ZHANG W K. Geographic Distance, Venture Capital and Technological Performance: Evidence from Chinese Enterprises [J]. Technological Forecasting and Social Change, 2020, 158: 120155.

TIAN X. The Causes and Consequences of Venture Capital Stage Financing [J]. Journal of Financial Economics, 2011 (1): 132-159.

TIMMONS J A, BYGRAVE W D. Venture Capital's Role in Financing Innovation for Economic Growth [J]. Journal of Business Venturing, 1986 (2): 161-176.

TOBLER W R. A Computer Movie Simulating Urban Growth in the Detroit Region [J]. Economic Geography, 1970, 46: 234-240.

TREDENNICK N, SHIMAMOTO B. An Engineer's View of Venture Capitalists [J]. IEEE Spectrum, 2001 (9): 67-70.

TZIOUMIS K, KLAPPER L F. Taxation and Capital Structure: Evidence from a Transition Economy [J]. Finanzarchiv Public Finance Analysis,

2008 (2): 165-190.

UEDA M, HIRUKAWA M. Venture Capital and Innovation: Which Is First? [J]. Cepr Discussion Papers, 2008 (4): 421-465.

UN C A, RODRÍGUEZ A. Local and Global Knowledge Complementarity: R&D Collaborations and Innovation of Foreign and Domestic Firms [J]. Journal of International Management, 2017 (2): 137-152.

VANCAUTEREN M. The Effects of Human Capital, R&D and Firm's Innovation on Patents: A Panel Study on Dutch Food Firms [J]. Journal of Technology Transfer, 2018 (4): 901-922.

WADHWA A, PHELPS C, KOTHA S. Corporate Venture Capital Portfolios and Firm Innovation [J]. Journal of Business Venturing, 2016 (1): 95-112.

WANG T J, CHEN Y N. Study on Limited Partnership Based on an Analysis of Incentive Mechanism Model of Venture Capitalist [C]. The 19th International Conference on Industrial Engineering and Engineering Management, 2013: 659-667.

WEN J, DI Y, FENG G F, et al. Venture Capital and Innovation in China: The Non-Linear Evidence [J]. Structural Change & Economic Dynamics, 2018 (9): 148-162.

WRIGHT M, VOHORA A, LOCKETT A. The Formation of High-Tech University Spinouts: The Role of Joint Ventures and Venture Capital Investors [J]. Journal of Technology Transfer, 2004 (3/4): 287-310.

XUAN T. The Causes and Consequences of Venture Capital Stage Financing [J]. Social Science Electronic Publishing, 2011 (1): 132-159.

YU Y X, SUI B, PIN C C, et al. The Co-movement between Venture Capital and Innovation in China: What Are the Implications? [J]. Quality and Quantity, 2017 (6): 2489-2506.

ZHANG W, TIAN X, YU A. Is high-speed Rail a Catalyst for the Fourth Industrial Revolution in China? Story of Enhanced Technology Spillovers from Venture Capital [J]. Technological Forecasting and Social Change, 2020 (161): 120-286.

ZUCKER L G, DARBY M R, ARMSTRONG J. Geographically Localized Knowledge: Spillovers or Markets? [J]. Economic Inquiry, 2010 (1): 65-86.